一生ものの
基礎知識

美容の教科書

神崎恵

はじめに

基本を知ることで、
簡単に自分を健やかに
することができます

「美容」とは何でしょう？

肌をキレイにするもの。体を美しくするもの。髪をうるおすもの。若々しくあるためのもの。それらは、自分をより美しく見せたい。コンプレックスを打ち消したい。自分を表現したい。自分の価値や評価を高めたい。自分を楽しめる自分でありたい……さまざまな気持ちや目的とつながっているように思います。

１００人いたら、１００の美容の解釈がある。そのどれもが正しく、切実なものだと感じています。美容を仕事とするようになって数十年が経ちます。肌の調子がいいだけで、気持ちが晴れやかになる。嫌なことやしんどいことも少し軽くなるような気がするし、自分をちょっといいと思えるだけで、前を向いて過ごせるようになる。時には、仕事や恋愛など、手に入れたいものを手にする確率を高めることもできる。肌や

はじめに

髪、容姿がほんの少しでも変わることで、得ることができる心の変化や可能性。この美容の力を伝えたい、という思いを何よりも大切にしています。

ここ数年感じているのは、美容の複雑さです。さまざまな情報を簡単に得ることができるようになった今、美容の楽しさが増えたと同時に、正しい知識や方法を見極め、選択する難しさを感じています。「いったい何をすればいいのか？」情報が溢れる今だからこそ、今一度、美容とは何か。正しい美容とは。を見直し、知ることが重要です。本来の美容は、とてもシンプルで分かりやすいものだからです。

たとえば、正しい歯磨きをすると、トラブルの少ない健康な歯が保てるように。お風呂に入り、体を洗い、タオルで拭く、誰もができるシンプルで簡単なことと同じ。基本を知ることで、誰もが簡単に自分を健やか

にすることができる。そしてその健やかさこそが、美しさへの近道であり、確実な道であると感じています。

この本では、120の項目で、基本でありながら実は何よりも重要なことについて、そして、まずやるべきこと、おさえるべきこと、大切にするべきことをお話ししています。その中には、今更聞けないことや、どうすればいいのか迷いがちなこともあるでしょう。その迷いを解消する、それだけでも明日の肌、数年後の体や髪は確実に変わります。

数多くの化粧品を使い、特別な方法でなければ美しくはなれない。そんなことはありません。自分を取り巻くすべての美しさは、まず知ることから始まります。

神崎　恵

はじめに　2
この本の使い方　11

スキンケア

メイク

ヘア

その他

Column

この本の使い方

- どこから読み始めてもOK
- 気になった項目だけ、
  まず取り入れてみよう
- やれることだけ続けてみよう

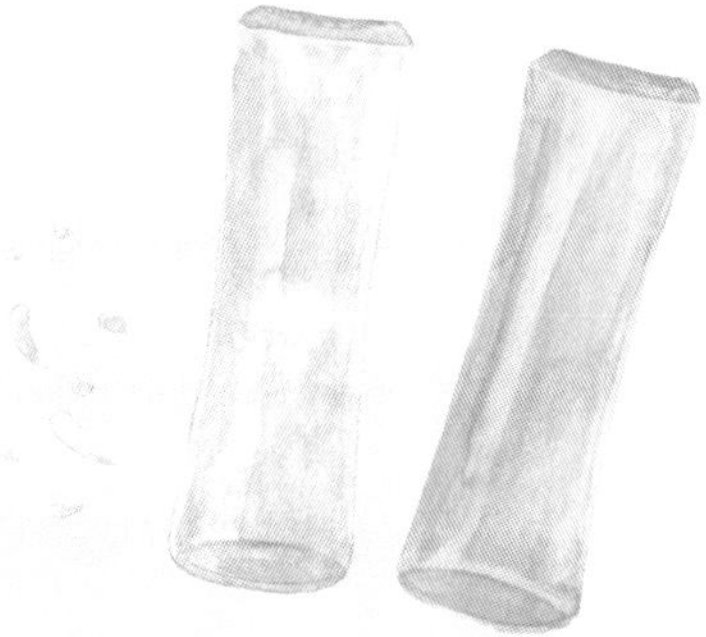

スキンケア

肌の健康を
取り戻すことを
第一に。
結果的に
美肌に見えます

1 スキンケアを始める前に

スキンケアはたった0・02mmのために行うこと

バリア機能の正常化を目指そう

肌が果たす大きな役割の一つは、バリア機能です。体内に異物（紫外線、ウイルス、アレルゲンなど）が入るのをブロックし、水分が体の外へ逃げないように働きます。

スキンケアは、基本的には加齢や外的刺激により低下したバリア機能が正常に働くことをサポートするために行います。表皮の角層に水分と油分が適切にある＝バリア機能が正常に働いている肌は、キメ（皮溝と呼ばれる谷と皮丘と呼ばれる山で成り立つ。キメ細やかな肌とは

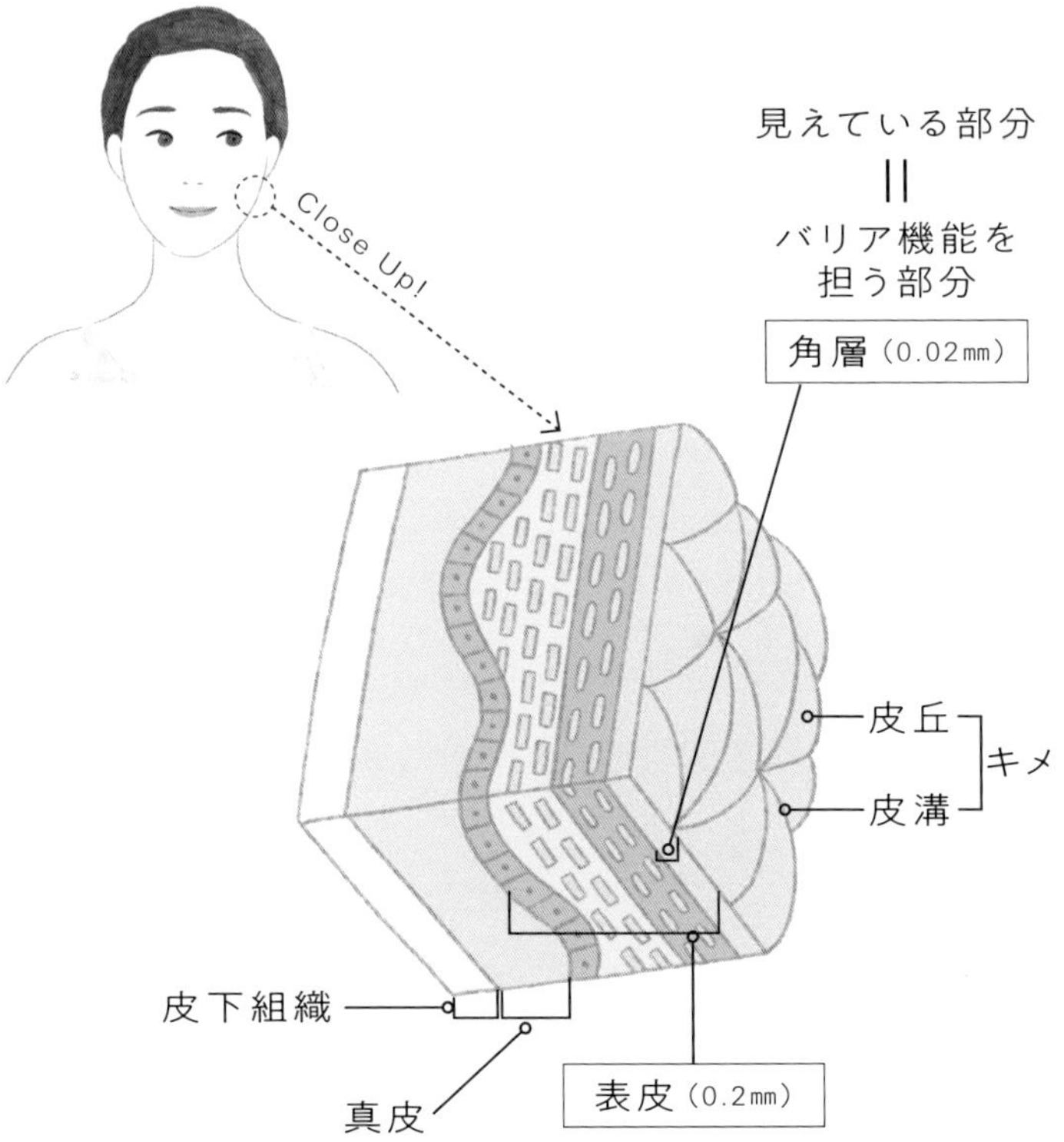

Close Up!
見えている部分
||
バリア機能を
担う部分
角層（0.02㎜）
皮丘
キメ
皮溝
皮下組織
真皮
表皮（0.2㎜）

肌は表皮、その下の真皮、皮下組織から成り立っています。バリア機能を担う角層は0.02㎜（ラップ１枚分！）。表皮と真皮を合わせた厚さは平均で2〜3㎜ほどです。

皮丘が小さな状態。谷と山の落差があるほどよく、乱れると浅くなり、柔軟性、水分保持力が低下する）も整い、透明感も宿るので、結果的に美肌に見えます。

2 スキンケアの考え方

ターンオーバーを正常に保ち、健やかな細胞で肌表面を覆うために行う

ターンオーバーチェック

整っていると	乱れていると
□ 透明感が出る	□ ゴワつく
□ 肌荒れしにくくなる	□ カサつく
□ ハリが生まれる	□ くすむ

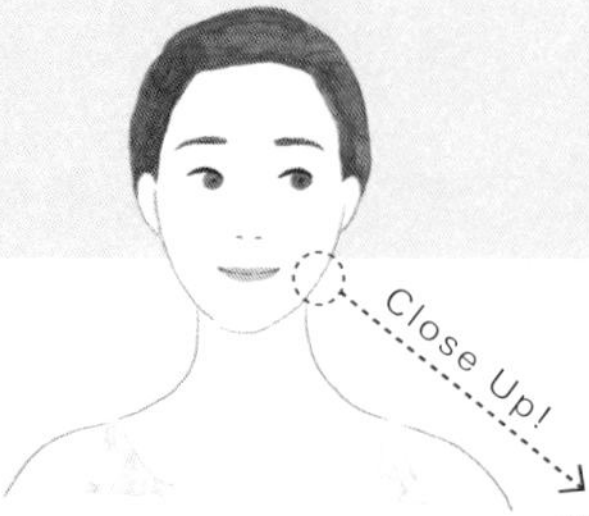
Close Up!

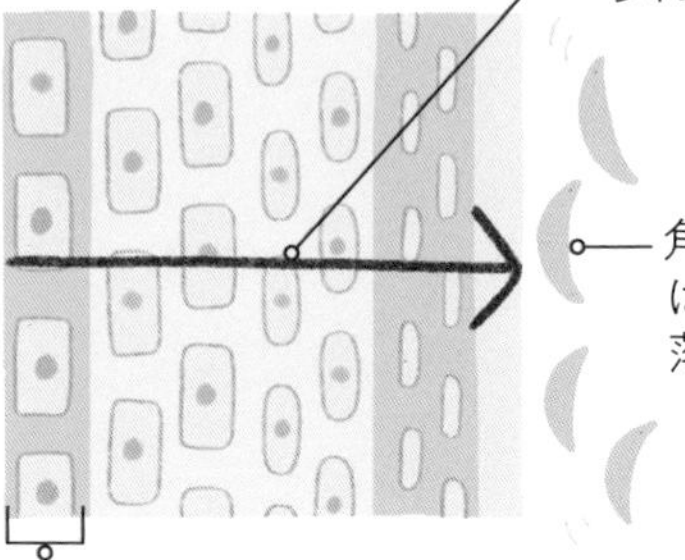
細胞が
押し上げ
られる
角質が
はがれ
落ちる
細胞が生まれる
基底層

28日周期を刻めなくなった肌は、理想的な周期に近づけるため、不要な角質をオフするケアが必要に。ただし、やりすぎるとターンオーバーがより乱れるので注意。

滞留する古い角質をオフ

表皮がどんどん新しい細胞に生まれ変わることをターンオーバーと言います。表皮と真皮の間の基底層で生まれた細胞が、表面に上がっていき、角質細胞となり、最終的に自然にはがれ落ちます。

このはがれ落ちるまでの周期は28日前後が理想的ですが、20代をピークに加齢とともに長くなっていきます。水分を抱え込む力がない古い角質が肌表面に滞留し、乾燥・シミ・くすみなどを引き起こす原因に。常に健やかな細胞で肌表面が覆われている状態に導くため、特に年齢を重ねた肌は古い角質をオフする角質ケアが必要です。

角質ケアの方法

古い角質を優しく除去できる酵素洗顔料を週1～2度を目安に。また、剥離作用がある成分（たとえばフルーツ酸やグリコール酸）配合の美容液を気になる部分に使用しても。細胞の生まれ変わりをサポートし、ターンオーバーを促す美容液の投入するのも手。

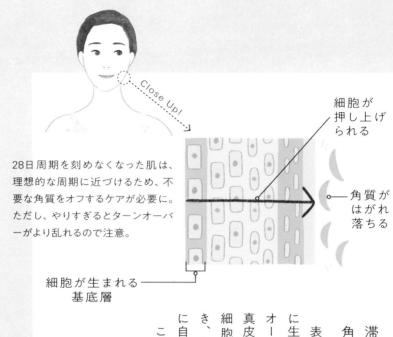

3 自分の肌質を知ろう

多い

脂性（オイリー）肌

□洗顔後すぐにテカる
□肌がゴワついたり、硬く感じる
□毛穴の開き、黒ずみが目立つ

肌はしっとりしているがテカりやすいのが特徴。毛穴が開きやすく、つまりやすいので酵素洗顔を定期的に。油分、水分、ともに足りている状態なので、油分を与えすぎないように。

乾燥性脂性（インナードライ）肌

□洗顔直後カサつくが、しばらく経つとベタつく
□頬の毛穴が開きやすい
□キメが粗く、ゴワつく

皮脂は多いが水分不足。皮脂量が多いためオイリー肌と勘違いしやすい。水分が足りず乾燥しているために、それを補おうと過剰に皮脂分泌している可能性も。保水能力が高まる化粧水を。

多い

ノーマル肌

□肌トラブルがあまりない
□ベタつかない程度に皮脂は出ている
□肌全体はしっとりしている

水分量と油分量のバランスが整っている現状を維持することに重点をおいたケアを。加齢により肌の保水能力が低下してきたら、保湿力に着目したケアへの見直しをしていきましょう。

皮脂量

少ない

乾燥肌

□起床したタイミングでカサついている
□小ジワができやすい
□肌荒れしやすい

水分量

皮脂量も水分量も少ない肌で、季節の変化に弱いため肌が敏感になりやすい。バリア機能を強化する意識でスキンケアを。乾燥しやすくシワができやすいのでアイケアも早めに。

少ない

混合肌とは？

上の４つの肌質が混在しているため、部分的にスキンケアを替える必要が。顔全体を保湿力の高い化粧水でうるおしたら、乾くところだけクリームを重ねる手も。

4 とにかく説明書を読もう

裏技、クチコミよりもまずは説明書通りの量、使い方を守ろう

どのメーカーも、かなりの時間をかけて効果が最も出やすい量、使用方法を研究し尽くしています。まずは、その導き出された答えに肌を託すべき。自己流アレンジをするのはその後で。

5

成分表を読み解くコツ

肌に必要な成分だけでなく合わない成分を見極めるヒントに

化粧品は配合されている全成分を表示するよう義務づけられ、配合量の多いものが先にくるように記載されています。ただし1%以下しか入っていないものは順不同となります。

主な美容成分一覧

セラミド	角層の細胞の間を満たし、水分をしっかりつなぎとめます。外部刺激から肌を守るバリア機能をサポート。
ヒアルロン酸	高い保水能力があり、保湿成分の代表格。分子サイズや構造の違いで浸透力や機能性が変化します。
コラーゲン	タンパク質の一種で肌にハリや弾力をもたらします。保水性が高く、抱えた水分を肌にため込みやすい。
ビタミンC	抗酸化、コラーゲン生成、ターンオーバーの正常化などマルチに活躍。誘導体として配合されることが多い。
ナイアシンアミド	ビタミンB_3のこと。美白、シワ改善、肌荒れに有効とされる厚生労働省が認可した成分。刺激も少ない。

レチノール	表皮のヒアルロン酸、真皮のコラーゲンなどの産生を促進。角質ケアにも有効。ただし紫外線に弱い。
天然保湿因子	アミノ酸や尿素など肌に元来備わっている保湿成分の総称。角層の柔軟性や弾力アップに一役。
認可されている 美白有効成分	コウジ酸、トラネキサム酸など。効果を厚生労働省が認可した成分が配合された化粧品は医薬部外品扱いに。

医薬品、医薬部外品、化粧品の違い

・医薬品

病気の「治療」「予防」を目的とした薬。厚生労働省より配合された成分の効果が認められています。

・医薬部外品

厚生労働省が認可した効果・効能に有効な成分が規定の濃度で配合。「防止」「衛生」が目的。

・化粧品

肌を「清潔」「健やか」に保つことが目的。「人体に対する作用が緩和なもの」という考え方が基本。

6 スキンケア選びの考え方

まずは同じブランドで揃える

化粧水と乳液は、ライン使いされることが前提に設計されているので成分同士の相乗効果が期待できます。ほかにおすすめなのは、クレンジング料とファンデーション（負担なくよく落ちる）のブランドやメーカーを揃えること。

LOTION
EMULSION
CLEANSING
FOUNDATION

値段の高さに効果が比例してしまうこともある

コスメを料理にたとえると、成分は材料で、処方は調理工程や方法、つまりレシピ。そして、その安全性を保証するため、大手のメーカーはお金と研究の時間を投資しています。結果的に効果が高いものの値段が高くなることも。メーカー内で成分やレシピが共有されている場合が多いので、プチプラコスメを選ぶ場合、大手メーカーのものを選ぶとよいでしょう。

最低2ヵ月は使い続けてから判断

新しいコスメを使い始めた頃に産生された細胞が、ターンオーバーに要する約28日をかけて、表面に上がってきます。コスメの評価は、その結果を見てから。と言いたいところですが、ストレスや加齢によりターンオーバーの周期は長くなりがちに。ゆえに、最低2ヵ月は使い続けてから判断するとよいでしょう。

7 スキンケアを選ぶコツ

自分の中の「こだわり」を見つける

コスメ選びの自信を養う方法

目的に合った成分が配合されたコスメを選ぶことも大切ですが、使い続けることにこそ意味があるスキンケアはそれと同じくらい「自分にとっての気持ちよさ」にこだわることも重要です。

感覚は、明確な基準がなく自信が持ちづらいところですが、自分がどういう点を気にするのかを知るだけでもコスメ選びの感度はアップします。左の表を参考にしながら「ここは好き」「ここは嫌い」をチェックしましょう。

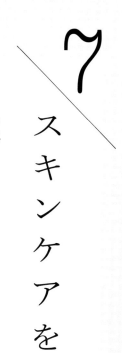

チェックするポイント

洗顔料

- □泡立てやすさ
- □泡の持ち
- □すすぎやすさ
- □すっきり感
- □しっとり感
- □肌のつっぱり感
- □汚れ落ち
- □香り

化粧水

- □肌へのなじみ（浸透感）
- □爽快感
- □さっぱり感
- □しっとり感
- □なめらかさ
- □引き締め感
- □ベタつき
- □香り

乳液&クリーム

- □のばしやすさ
- □なじませやすさ
- □コクがある
- □しっとり感
- □なめらかさ
- □ハリ感
- □ベタつき
- □香り

※『スキンケア化粧品の官能評価ハンドブック』参考

8 肌を老化させる主な原因

①紫外線
②摩擦
③圧
のダメージは
どんどん蓄積する

スキンケアの結果は時間差で出る

「すぐに赤みが出なければ大丈夫」と思いがちですが、肌への外的刺激は負の貯金のようなもの。ちょっとずつたまっていき、ある時シミやくすみ、たるみとなって一気にエイジングサインとして現れます。このような慢性炎症のもとになる主原因が「紫外線」、こすることで起こる「摩擦（横の刺激）」、押したり、叩いたりといった「圧（縦の刺激）」です。

肌にとってよいことも、悪いことも、今の肌は日々の〝チリツモ〟の結果なのです。

Column 01

肌はさびる？ こげる？

酸化と糖化で老化速度がアップ

金属がさびるように肌も酸化します。紫外線のほか、生活習慣の乱れやストレス、大気汚染物質などにより、肌の酸化は加速し、シミやシワ、たるみを引き起こします。

また、糖質をとりすぎると、肌のタンパク質と脂肪が余分な糖と結びつき糖化します。ホットケーキが焼けて茶色になるように、肌の茶(黄)ぐすみの原因に。糖化が進行すると、酸化ダメージを助長。ダイエットのためだけでなく、肌にとっても糖質過多は厳禁です。

9

〝言葉〟を変えれば動作が変わる

正解の手技に近い言葉に置き換える

［浸透させる］
＝
包み込む

自分が正しくできるようアレンジしていく

人間は言葉を使って思考します。だから、行動を変えよ

「拭く」
＝
吸い取る

「なじませる」
＝
なでる

「塗る」
＝
くっつける

うとするより、実は頭に思い浮かべる言葉を変えてしまったほうが、深く考えずに正しい動きができることがあります。特に、スキンケアは摩擦が厳禁なので、こすって肌に負担をかける可能性がある「動詞」を変換してみます。タオルでゴシゴシこすってしまいがちなら、「拭く」ではなく「吸い取る」といった調子です。

無意識にやってしまっていた小さな動作の一つ一つを見直し、置き換えてみましょう。

スキンケア

メイク

ヘア

その他

10 スキンケアアイテムの順番と役割

クレンジング

洗顔料

メイク汚れを落とす

ファンデーションなどの油性のメイク汚れを浮き上がらせることができます。日焼け止めには紫外線吸収剤や界面活性剤など、肌に負担をかけるものが含まれているため、ベースメイクをしていない時もクレンジングが必要です。

人体由来の汚れを落とす

不要な角質、皮脂や汗など、「内側から分泌されたもの」を落とすために使います。そのため、朝の洗顔時も必要です。また、ほこりや大気汚染物質などの汚れもオフできます。

朝も必要！

化粧水

角層を水分で満たす

化粧水は化粧品の中で、一番分子量が小さいため、肌に浸透しやすいのが特徴。水分を補給する角層を水分で満たし、柔軟にする効果があります。以降に使うアイテムの浸透を促す効果も。

special

美容液

保湿や美白、エイジングケアなど、美容効果が期待できる有効成分を豊富に配合。肌悩みや「どうしたい」という目的が明確な場合に、的確に投入すると改善が見られやすい。

乳液 or クリーム

角層の水分蒸散を防ぐ

肌に油分を与える保湿効果のほか、水分蒸散を抑制するフタの役割を果たします。肌を柔軟にする効果も。乳液とクリームの違いは、水分と油分の構成バランス。年齢を重ね、皮脂分泌量が減ったと感じるならば、クリームを。肌の乾燥具合が深刻な場合もクリームがおすすめです。

special

アイクリーム

顔の中で最も皮膚が薄い目元は乾燥しやすく、1日に1万5000回以上もまばたきしているので肌トラブルが現れやすい。目まわりに特化した成分、処方になっています。

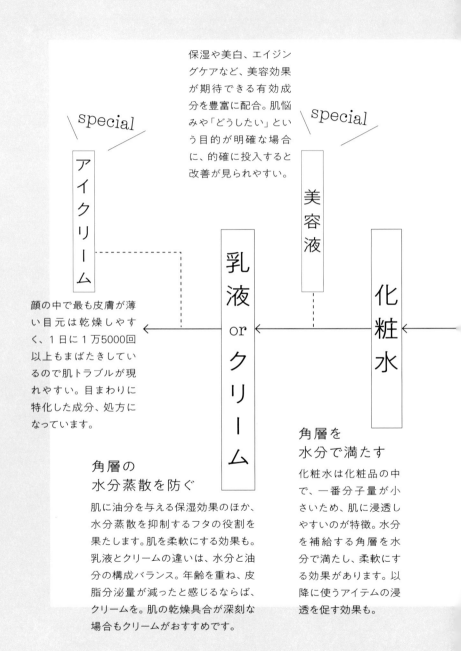

11

クレンジング&洗顔共通「落とすケア」の心得

素早く、ていねいに

親指以外の４本の指を揃え、手全体を下から上へずらしながら、大きなハートを20回程度描くようにすべらせます。小鼻、あごのまわりは螺旋《らせん》を描きながら中指で小さくクルクルと。同じ要領でデリケートな目と口のまわりを最後に。

すすぎのお湯の温度は32～33度

すすぎまでを90秒以内で

どんなに低刺激を謳った商品であっても、「落とすケア」は肌に負担を強いる行為です。時間をかければかけるほど、洗浄力がアップすると考えてしまいますが、ただただ肌への負担が増す結果に。

クレンジング料や洗顔料の泡を肌になじませるのは1分以内。すすぎ（お湯の温度は、最も刺激が少ない人肌よりぬるい32～33度）までを90秒以内に終わらせることを意識して「手早く」を習慣に。「落とすケア」の途中でツボ押しやリンパマッサージなどを行うのは避けましょう。

11

クレンジング＆洗顔共通「落とすケア」の心得

すすぎは、手に顔を持っていく

手にお湯をすくったら、そこに顔を近づけて浸します。顔を横に向けてずらしながら、それを繰り返します。ピシャピシャと水をあてるより、負担も少なく、髪の生え際や小鼻の脇のすすぎ残しを防げます。

シャワーで流すのはＮＧ。滝行と同じと考えよう

顔は体よりも皮膚が薄いため、シャワーの水圧が肌への刺激に。たとえば、滝壺にある岩を想像してみましょう。水圧が岩をも削ります。毎日の小さな刺激の積み重ねが顔の造作をも変えてしまう、と想像してみるといいでしょう。

→ソフト

クリーム

油分は多く、界面活性剤は少なめ。洗浄力は適度にあり、肌に優しく、乾きにくいのが特徴。乾燥しやすい人はクリームを選ぶとよい。

12 クレンジング料は好みではなく、肌への負担で考える

ウォータープルーフにはポイントメイクリムーバーを

濃いアイメイクや落ちないリップをオフする際は、専用のリムーバーを使いましょう。ポイントメイクに合わせた高い洗浄力のクレンジング料を選ぶ必要がなくなります。お湯で落ちるタイプのマスカラやアイライナーを使うという選択も。

ハード ← 肌への負担

ミルク

基本

クリームよりは油分が少なめ。水になじみやすく、洗い流しやすい。通常の濃さのメイクならミルクで十分。クレンジングの基本に最適。

ゲル

水主体の成分に界面活性剤が多めに配合されています。洗浄力は普通だが、皮脂を過剰に奪いやすい。乳化していない透明タイプは乳白色タイプより界面活性剤が多く含まれている場合が多い。

オイル／バーム

ウォータープルーフのアイテムを使ったり、ばっちりメイクした時に。界面活性剤も多く、皮脂も一気に取り去るため乾燥肌には不向き。基本的にバームはオイルが固形状になったもの。

ローション

基本的にはほぼ界面活性剤の力でメイクを落とします。洗浄力が強い分、刺激も強い。拭き取りタイプになるため、水を使って洗顔できない場合に限りたい。

界面活性剤の量が肌負担と比例

クレンジング料は油性成分と界面活性剤（油と水を混ぜやすくする物質）の配合バランスにより、さまざまなタイプがあります。基本的に界面活性剤を多く含むものが洗浄力も高い代わりに刺激になりやすいと言われています。肌質や肌のコンディションで替えるという考え方もありますが、それがピンとこない場合は、まずはメイクの濃さを基準に選び、数タイプを常備しておくとよいでしょう。

13

クレンジングの注意事項

NG

マッサージをしない

「指すべりがいいから」とマッサージをして、肌の上にクレンジング料を長く置いておいたり、すりこんだりすることで、乾燥やくすみ、ゴワつきの原因になります。「メイク汚れを落とす」以外の目的では使用しないこと。

オイルなら少しの水で白濁させてから流す

洗い流す前には、ぬるま湯を少し取り、顔の上でオイルとなじませ、きちんと乳化させましょう。白濁すれば乳化した証拠です。このプロセスを省くと、しっかりクレンジング料を洗い流せません。浴室でも使える乳化不要のオイルもありますが、基本的にはその分だけ洗浄力が強くなっています。

量をケチらない

量が少ないとすべりが悪くなり、十分なメイク落ち効果が得られないうえに、肌との摩擦を起こしてしまいます。色素沈着や乾燥を誘発するので、メーカーが規定する量をきちんと使うようにしましょう。

日焼け止めを首まで塗ったらクレンジングも首まで

石鹸で落ちる、あるいはクレンジング不要と謳われていない限り、日焼け止めは洗顔料やボディソープでも落とすことはできません。クレンジング料でオフをしないと、ニキビや肌荒れの原因につながります。

14

家に帰ったら、できればすぐクレンジング

帰宅後は「スキンケアまで一気に」が理想

メイクは油性。皮脂や大気中のちりやほこり、汚染物質などと混ざりつつ、6～7時間後には酸化すると言われています。刺激物になるので、帰宅後はできるだけ早くクレンジングを。その後、入浴する場合には、お風呂上がりには再び保湿ケアが必要です。

すぐが無理なら とりあえず 乳液でオフ

クレンジングからのスキンケアを一気にする時間がないなら、たっぷりと乳液を含ませたコットンを肌に優しくすべらせて。クレンジングと保湿を同時に行えます。時間がとれるまではその簡易的なケアで済ませ、肌への負担を最小限に。

15

洗顔のコツ

泡に汚れを吸着させるイメージで

洗顔料は泡が汚れを吸着するよう設計されています。「洗顔料を肌の上にのばして流す」では、汚れを落としきることができず、摩擦も起こります。泡のクッションを転がし、毛穴の奥まで届けるイメージで。指や手のひらが肌に触れないように泡を広げる（P.35参照）のもポイントです。

タオルは そっと

洗顔で汚れや余分な皮脂を取り去った、保湿ケア前の素肌は、いつも以上に繊細な状態です。ゴシゴシこすらず、水分を吸わせるようなイメージで、吸水性の高いタオルを優しくあてるだけに。

スキンケア　メイク　ヘア　その他

16 肌に負担をかけている あんなこと こんなこと

知らず知らず触っている

頬杖をついたり、鼻をかんだり、目をこすったり……日常で繰り返す無意識の「摩擦」が、肌の角層を傷つけ、バリア機能を低下させる原因に。

服の着脱時にこすれている

つまった丸首やタートルネックのトップスを脱ぎ着する時、肌が削られるかのような刺激が。そんな時にはシルクのスカーフを用意。フェイスカバー代わりに使って脱ぎ着を。マフラーがチクチク感じる時も同様にシルクのスカーフを間にはさんで。

毛先があたる

毛先は思っているよりも鋭利。前髪やサイドの毛先がツンツンと肌にあたって、刺激になっている場合もあります。肌荒れがあるなら、カチューシャやピンを使うアレンジを取り入れてみましょう。

タオルや枕カバーがゴワゴワ

水分を拭き取るタオルだけでなく、何度も寝返りを打つ間に肌がこすれてしまう枕カバーの見直しも。柔らか素材に替えるのはもちろん、皮脂や汗などで雑菌が繁殖しやすいのでまめに洗濯を。

メイクブラシが不潔

メイクする際、コスメの油分と皮脂が混ざりあうためメイクブラシやスポンジはとても酸化しやすい。最低でも週に1回は専用の洗剤で洗うようにしましょう。きちんと乾かすことも重要です（P.190参照）。

整髪料がついてしまう

髪をおろしているならば、ムースやワックスなどの整髪料が顔に付着し、刺激になっている場合も。油分が毛穴をふさいでニキビの原因になることもあります。

洗顔後に洗髪をしている

シャンプーやトリートメントを洗い流した際、顔まわりに付着し、残ってしまう場合があります。入浴時の洗顔はトリートメント後に行って。

17 保湿ケアの考え方

化粧水とクリームでも十分

うるおいを与え保護するために

スキンケアの主目的は、バリア機能(P.14)を正常に保ち、ターンオーバー(P.16)のサイクルの乱れを整えることにあり

シートマスクに頼りすぎない！

肌を密閉し、角層への浸透力を高めてくれるシートマスク。成分がたっぷり染み込んでいるためオールインワンケアができると錯覚しがちですが、特別な記載がない限りは美容液の役割です。前に化粧水、後に乳液（orクリーム）をつけるのが基本の使い方です。

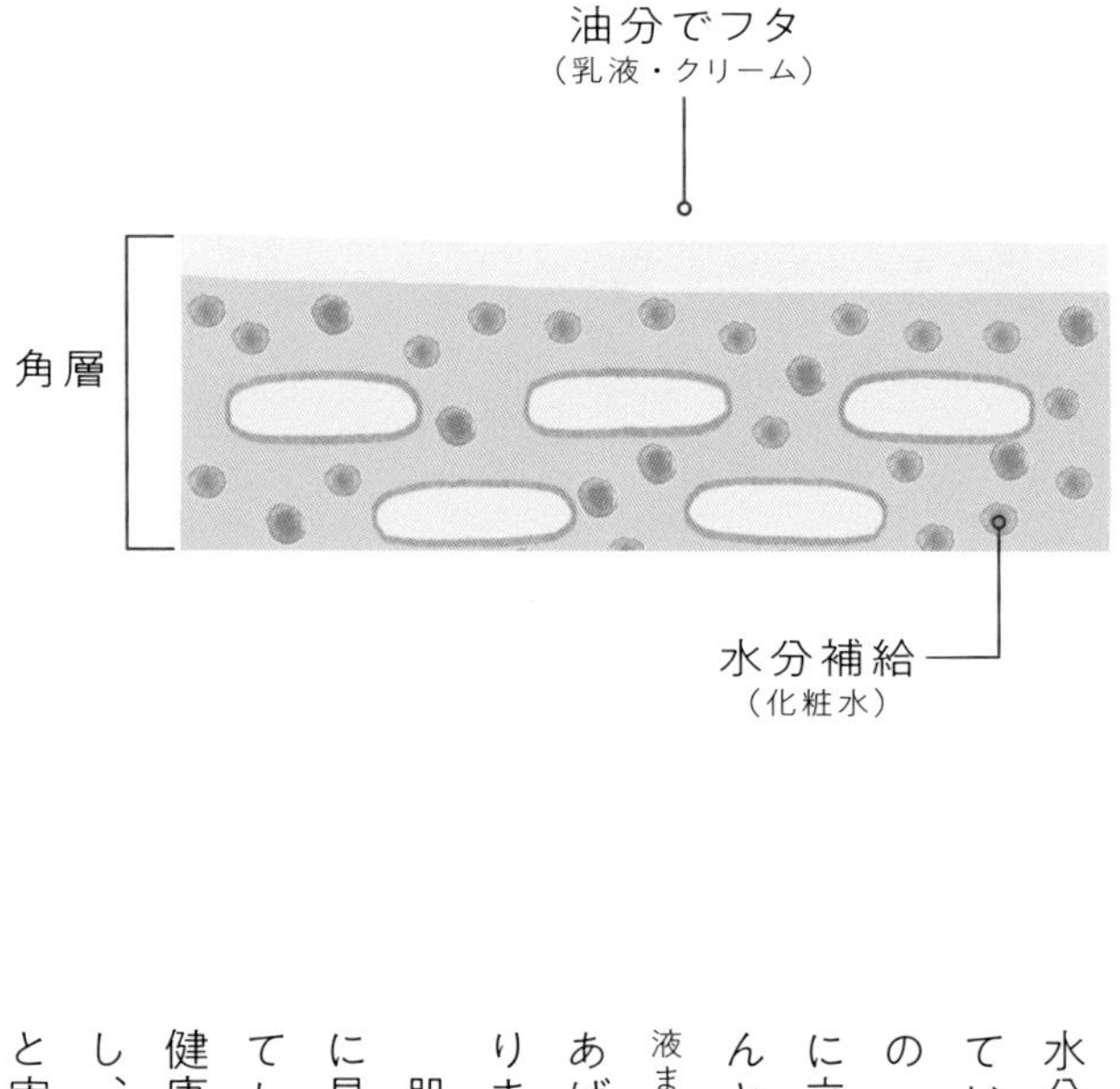
油分でフタ
（乳液・クリーム）
角層
水分補給
（化粧水）

ます。日本人の肌は平均的に水分保持能力が低いと言われているうえ、外的環境は悪化の一途を辿っています。基本に立ち返った「化粧水できちんと水分を補給し、油分（乳液またはクリーム）でフタをしてあげるケア」がより重要になります。

肌は人体最大の臓器。美肌に見せることを優先して考えてしまいがちですが、「肌の健康を取り戻す」ことを意識し、まず基本のケアをきちんと実践しましょう。

18 保湿ケアは手つきが大事

① 優しくなでる

摩擦を起こさないよう、「なでる感覚（P.31参照）」で肌表面に保湿剤を内側から外側に向かって広げます。こすったり、肌が動くほどに引っ張ったり（マッサージしたり）、叩いたりしないこと。手の甲にティッシュをのせ、その上をなでてティッシュが動かないくらいの感覚が目安。

② 優しく手をあて、ハンドラップ

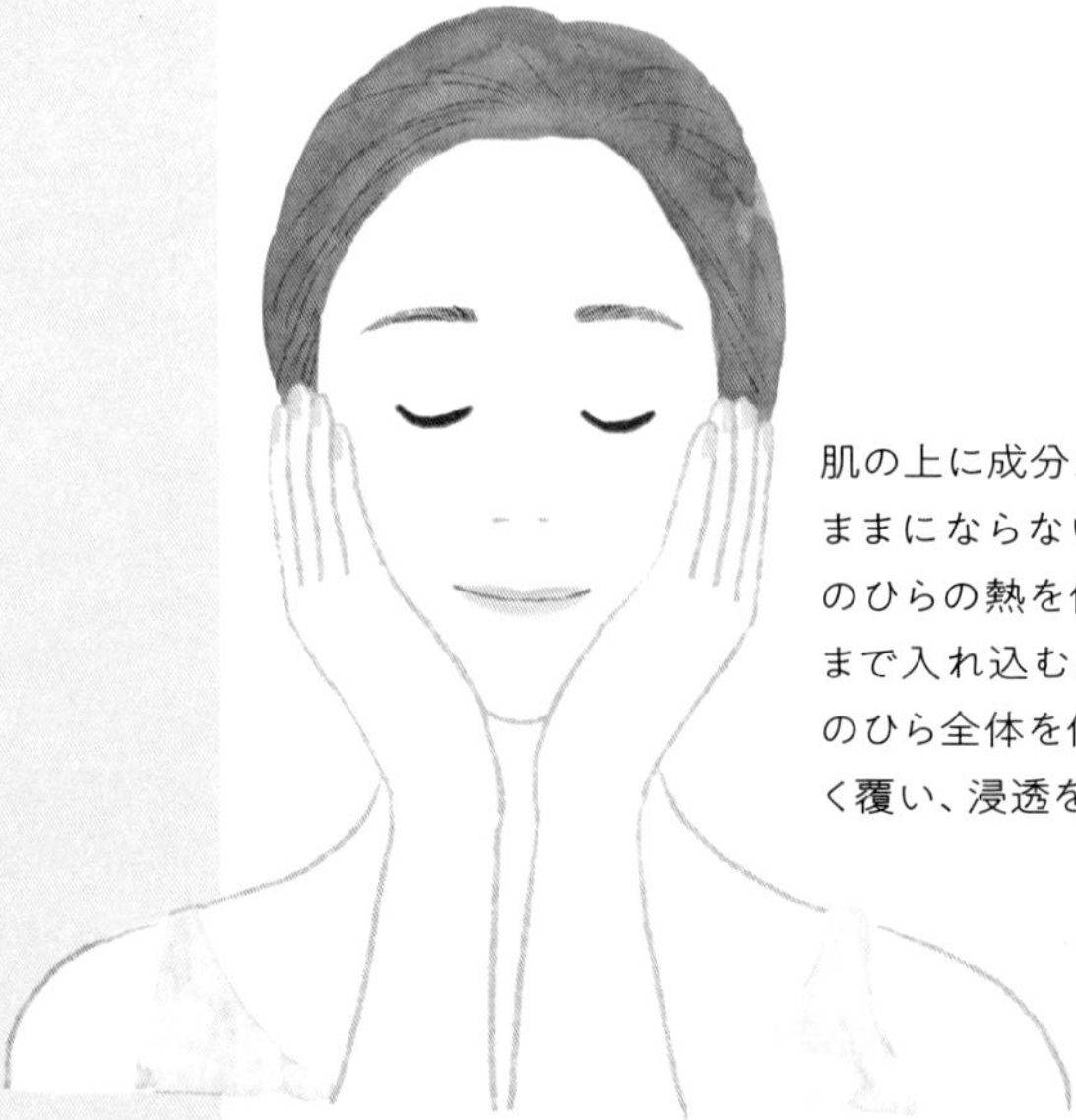

肌の上に成分が留《とど》まったままにならないよう、手のひらの熱を使って、奥まで入れ込むように。手のひら全体を使って優しく覆い、浸透を促します。

手のひらでヒヨコを包むように。「ただ触れている」くらいで十分です。

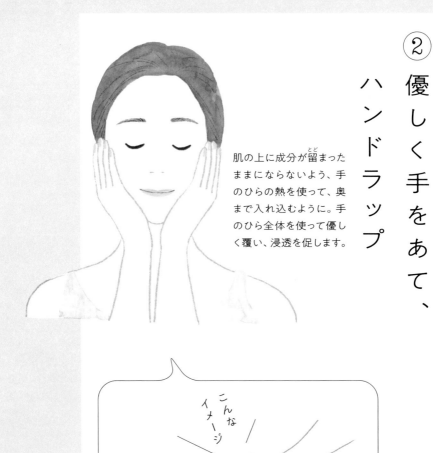

18
保湿ケアは手つきが大事

③ 細かいところは、指の腹をあてる

手のひら全体では押さえきれない、目尻や目頭などの目まわり、小鼻の脇、口角といった細かい部分は指の腹で“ラップ”します。より乾きやすい部分でもあるので、ていねいに。

指でプリンに触れて跡がつかないくらいの「圧」をイメージしましょう。

19 困った時の保湿法

ニキビができた時

毛穴をふさぐ成分やアクネ菌を増殖させる油分をおさえたノンコメドジェニックの化粧水に切り替え、その部分への乳液・クリームの塗布は避けて様子を見ましょう。ただし、乾燥ニキビの場合は油分が必要。その見分け方は赤みの少ない細かいニキビが複数集まっているかどうか。判断できない時、悪化しそうな時などはすぐに皮膚科へ。

うっかり日焼けをしてしまった時

日焼けした部分は火傷の状態。冷却剤やタオルで包んだ氷などをあて冷やしましょう。同時に肌が脱水状態になっているので、たっぷりの化粧水で保湿を。ほてりが鎮まったら美白有効成分が入ったスキンケアを投入しましょう。

敏感な時

一時的に赤みやかゆみが出てしまう原因は肌のバリア機能の低下がほとんど。パッチテスト済み、アレルギーテスト済みの表示がある、低刺激を謳った医薬部外品の敏感肌用の保湿アイテムを選びましょう。

20 適量を守ろう

少ないと効果半減。多すぎても、吸収できる量には限界がある

メーカーの規定量は計算し尽くされています。使用量が少なければ、化粧水の場合は角層全体を満たすこと、乳液の場合は、肌表面全体に行き渡らせることができません。多すぎても、肌の水分浸透には限界があるので、量に比例した結果が得られるわけでもありません。

手のひらへの吸収は考えなくてよい

手のひらの皮膚は、厚みが顔の肌の倍以上あるうえに、とても強固な層（透明層）が１枚はさまっているので、吸収しづらい構造になっています。コットンはムラなくつけられるメリットがありますが、使用はメーカーが推奨する場合のみでOK。

21

とろみのある化粧水でも乳液の役割は果たさない

どんな化粧水でも後から必ず乳液かクリームをつける

とろみは手元からたれづらいように、あるいは使用感のためにつけられたものです。肌をしっとりさせる効果はあるものの、水分が蒸発するのを防ぐ乳液の代わりを果たせるものではありません。

22

美容液の考え方

使わなくちゃダメなの？

マストではありません

シミ、シワ、くすみなどにピンポイントでアプローチしてくれるので、これといった悩みがないならば使わなくても大丈夫。ただし、化粧品会社の最新の技術、有効成分が凝縮されているのが美容液。より美肌を目指したい時や、肌の元気のなさを感じているならば投入して損はありません。

成分同士の相性はある？

← あります

ビタミンCとレチノールを一緒に塗ると刺激を強く感じ、赤みが出てしまう可能性も（この2つの成分を同時に使いたい場合は、初めから1本になっているコスメを使って）。その他、日本で発売される化粧品は配合濃度の制限があるのでほぼ問題ないですが、個人輸入されたコスメの重ね塗りには注意が必要です。

複数の美容液を重ねてもいい？

← 無駄になり、刺激の原因にも

肌に吸収できる成分の量には限界があり、塗れば塗るほど効果が得られるわけではありません。複数を重ねることで成分同士の相性が悪く刺激になることも。それでも重ね塗りしたい場合は、サラサラ→コックリと、油分が少ないものから塗りましょう。

23 アイケアの考え方

目まわりの皮膚は頬の皮膚の1/3の薄さ。よりていねいなケアが必要

加齢サインが目立ちやすい

目元の皮膚は薄く乾燥しやすいため、顔のどの部分よりも先にエイジングサインが出やすい。さらに、ゴシゴシとこすって色素沈着したり、スマホを凝視して筋肉が凝って血行不良になったりと、さまざまなトラブルが深刻化しやすいのも特徴。

スキンケアで早めに対策を講じ、予防を軸に、改善を試みるのがよいでしょう。より「摩擦」に留意し、熟れた桃を扱うかのように、ていねいに触れるよう意識を。

24 アイクリームの塗り方

より優しく薬指で パンダ塗り

乾燥やむくみ、たるみ、クマケアに特化したアイケアアイテムは、上下のまぶた、目頭、目尻まで目まわりを一周するように点で細かくのせ、スライドさせず、押さずに薬指の腹で優しく触れるようになじませます。

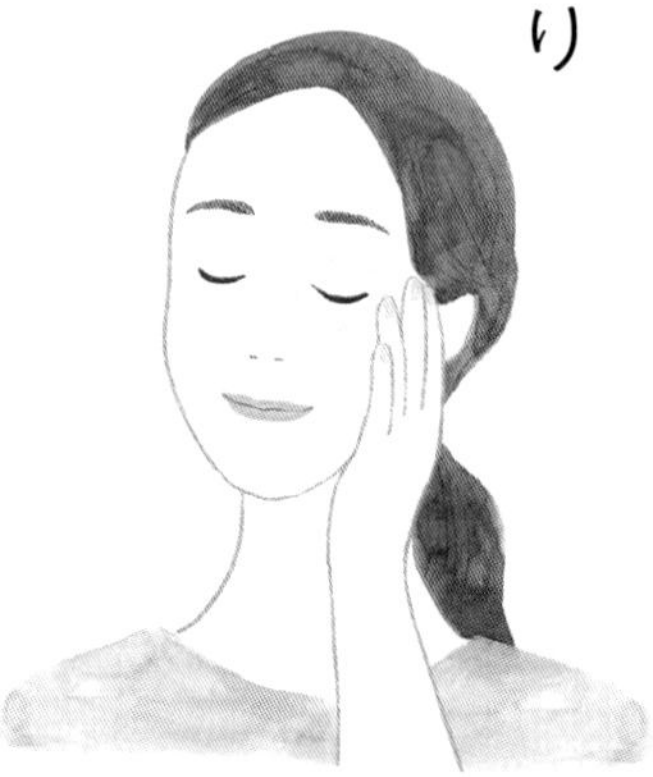

深いシワには ジグザグ塗り

目尻の深いシワは、２本の指でシワを広げて軽く押さえ、もう片方の手の指先でクリームを取ってシワの溝に入れ込み、その後ジグザグになじませて。最後に指を軽くあて浸透させます。

25 目元用アイテムの選び方

乾燥している

顔用のクリームを目元に厚くパンダ塗り

エイジングサインに対処したい

アイケア専用クリームを

ただ乾燥している場合は顔用のクリームを目まわりだけ重ねてパンダ塗り(P.59)をしましょう。シワやくすみ、クマなどのエイジングサインには、それぞれの改善に特化した専用のものを。

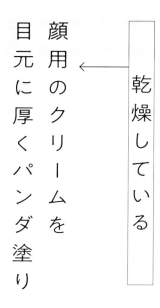

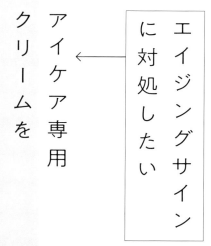

クマタイプ別対処表

茶グマ

状態

ダメージによりメラニンが蓄積、あるいは色素沈着で茶色に色づいている状態。引っ張っても消えないようなら茶グマ。

原因

紫外線やクレンジング時の摩擦など。

対処法

メラニンの排出を促す、美白効果のあるアイクリームを。日焼け止めをきちんと塗ることも忘れないように。

たるみ（黒）グマ

状態

脂肪がふくらみ、下まぶたに影ができている状態。天井を向いて色が薄くなったら、たるみグマ。

原因

加齢による目元のたるみ。

対処法

ハリと弾力を取り戻す真皮のコラーゲンを強化するビタミンCやレチノール入りのアイクリームが有効。

青グマ

状態

下まぶたの毛細血管が薄く透け、青っぽく見える状態。目尻を横に引っ張って色が薄くなったり、入浴後に薄くなったりするなら青グマ。

原因

寝不足やスマホの見過ぎ、運動不足、眼精疲労、過度なダイエットなど。

対処法

入浴、運動不足の解消、ツボ押しなどで血行促進を。ホットタオルと冷たいタオルを交互にあてる温冷ケアも。

26

紫外線が最も肌を老化させる

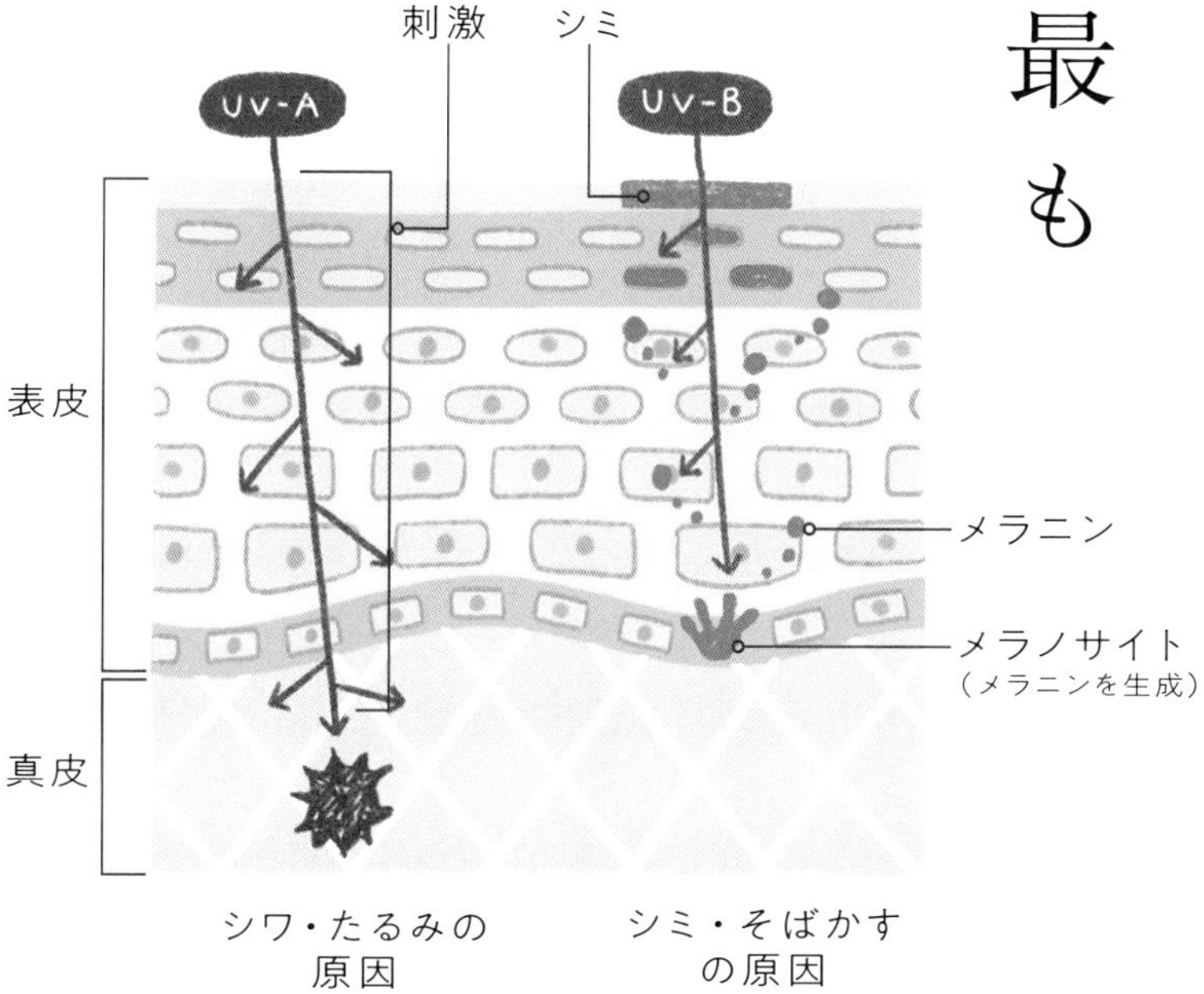

刺激
シミ
UV-A
UV-B
表皮
真皮
メラニン
メラノサイト
（メラニンを生成）
シワ・たるみの原因
シミ・そばかすの原因

紫外線はシミ・そばかすだけでなくシワ・たるみの原因にも

肌の細胞を守るために

紫外線は太陽光線のひとつで、地上にはシワ・たるみの原因となるUV-A、シミ・そばかすの原因となるUV-Bが届きます。日焼け止めを塗らずに紫外線をたくさん浴びると、それらの肌老化の症状がどんどん加速します。

ちなみにシミのもととなるメラニンは紫外線を吸収し、紫外線ダメージから肌を守ってくれる役割が。日焼け止めの役割を代わりに果たしてくれるとも言えるのです。

27

冬でも日焼け止めは必要

朝は、日焼け止めまでがスキンケア

東京の紫外線 年間平均データ 1997年～2008年

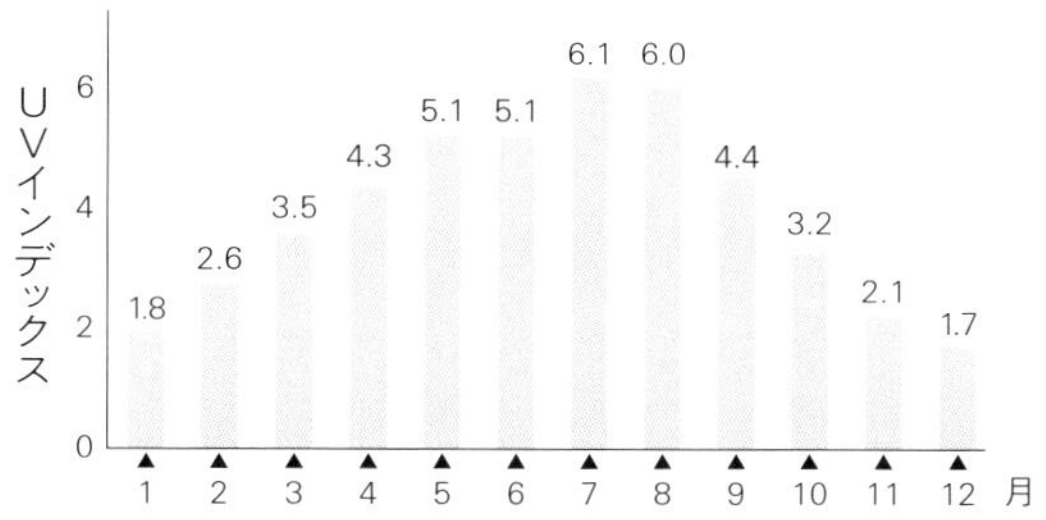

※気象庁HP参考

季節問わず一年中、曇りの日も、紫外線は降り注いでいます。さらに、窓ガラスも透過するので屋内で過ごす日でも日焼け止めは必須。夏、アウトドアシーンでは、数値の高い日焼け止めを。

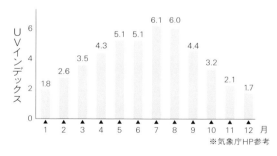

28

SPF入りのベースメイクだけでは足りない

厚塗りしないと十分な効果は得られない

日焼け止めは十分な量をムラなくのばすことが必要。コントロールカラーやファンデーションなどにも日焼け止め効果を持つものはありますが、効果を発揮する量を塗るとメイクは必然的に厚塗りに。日焼け止め（or UV効果のある無色の下地）をきちんと塗りましょう。

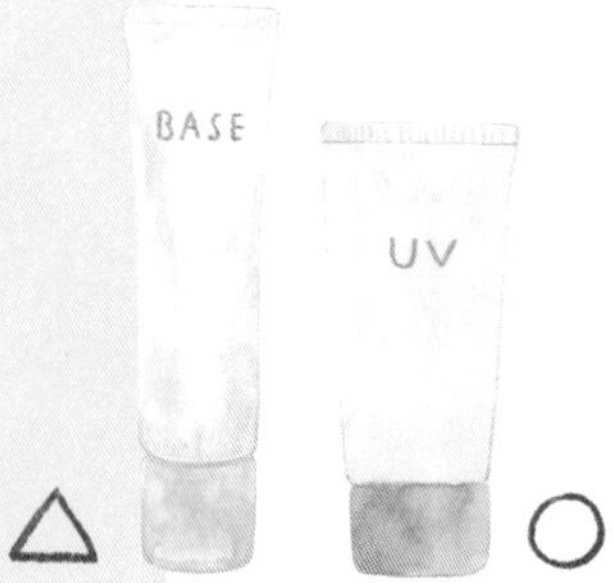

表示の読み解き方

・SPF
シミ・そばかすの原因となるUV-Bをカット。数値が高くなるほど効果が高くなり、現時点での最高値は50＋。

・PA
シワ・たるみの原因となるUV-Aをカット。＋の数で表され、現時点での最高値は＋＋＋＋。

※2022年から「UV耐水性」表示もスタート。現時点での最高値は☆☆

29 日焼け止めの効果的な塗り方

厚めにムラなく。頬の高い部分、鼻筋は重ね塗り

紫外線カット効果は、1㎠あたりに2mgを塗った状態で測定されます。メーカーが規定する量を均一に塗ってこそ効果を発揮するので、薄づきでは効果が十分に得られません。また、顔の中の高い部分は特に焼けやすいので、重ね塗りをしましょう。

耳や首の後ろも忘れずに

アゴの下、耳まわりや首の後ろなど、正面から見えづらい部分は塗り忘れがち。道路やガラスの反射などもあり、上からだけでなく360度から紫外線が降り注いでいると考え、くまなく塗りましょう。

未就学児に使う日焼け止めは？

日常であれば、SPF値は20程度でOK。紫外線散乱剤を使用し、弱酸性で、石鹸で落とせるタイプを。優しさを優先する代わりに汗や皮脂で落ちやすいので、まめに塗り直しましょう。スプレータイプは噴射時に吸い込ませないよう注意が必要です。アスファルトに顔が近い分、照り返しで日焼けしやすいことも覚えておきましょう。

最新の日焼け止めを選ぶ

何より肌にとって大切なのは紫外線を肌に届けない「守る」ケア。防御効果、耐水性、保湿効果、塗り心地など、日焼け止めには各メーカーの最新技術が投入されています。迷ったら、その年に発売されたものを選ぶようにしましょう。

汗をかいたり、拭いたりしたらまめに塗り直す

皮脂や汗で流れたり、無意識に顔を触っていたりと、塗ったばかりの状態は長くは続きません。理想を言えば、2～3時間おきに塗り直すのがおすすめです。吹きかけるだけの手軽なスプレータイプもあります。

瞳から入る紫外線もカット

瞳に紫外線が届くと、「細胞を守るためメラニンを生成しなさい」と脳が全身に指令を出してしまいます。UVカット効果のあるサングラスをかけることを習慣に。照れくさい人は、眼鏡のレンズにUVカット加工をしてもらっても。

30 毛穴ケアのコツ

Tゾーンと Uゾーンでは 毛穴ケアの 方法が違う

乾燥しているからか皮脂が過剰なのか?

毛穴から排出される皮脂により、乾燥だけでなく、ほこりや雑菌からも肌は守られています。毛穴をなくすことはもちろんできませんが、目立たなくするためには、毛穴のタイプ別、エリア別に対処法を変える必要があります。

また、思春期は過剰な皮脂分泌により毛穴が開きがちですが、年齢を重ねるにつれ、乾燥によって毛穴が開き、目立ちやすく。見当違いなケアは毛穴をより目立たせることに。見極めが大切です。

つまり毛穴

原因

角質と皮脂が混ざって角栓となり、毛穴につまっている状態。

対処法

・洗顔を見直す
・定期的に角質ケアを
・ビタミンC配合の化粧水／美容液を投入

黒ずみ毛穴

角栓が酸化してしまった状態。対処法は「つまり毛穴」と同様に。指で押し出したり、毛穴パックをしたりと、無理やり除去したくなりますが、肌を傷つけるので避けましょう。また、角栓があることで産毛が抜け落ちずに黒ずんで見えている場合もあります。

開き毛穴

Tゾーン＝皮脂毛穴

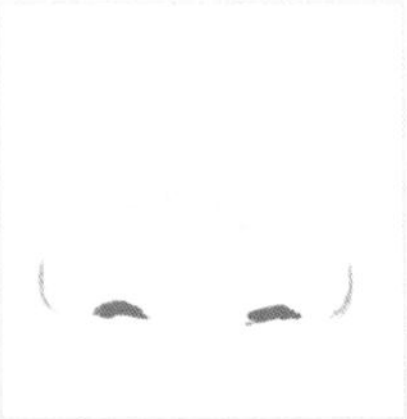

原因

皮脂分泌量が多いために、皮脂の出口である毛穴が大きくなっている状態。

対処法

・定期的に角質ケアを
・ビタミンC配合の化粧水／美容液を投入
・食生活の見直し（糖質・脂質を減らす）

Uゾーン＝乾燥毛穴

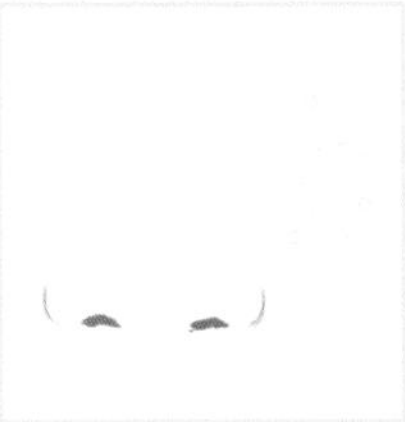

原因

うるおい不足で毛穴まわりのキメがしぼみ、毛穴が目立っている状態。

対処法

・セラミド・ヒアルロン酸配合の化粧水／美容液を投入
・乳液orクリームをきちんと使う

たるみ毛穴

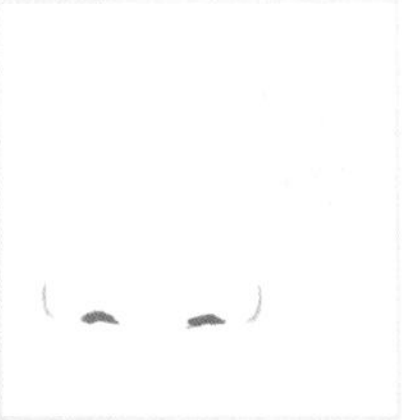

Uゾーン

原因

ハリ・弾力の低下による肌の下垂で毛穴まわりがゆるみ、毛穴が流れてしまっている状態。

対処法

・レチノール配合の美容液を投入
・エイジング対応のスキンケアに切り替える

31 肌悩み別の対処法

シミ

ぼんやりジミには コスメも有効

輪郭がぼんやりしたシミなら美白コスメでケアを。輪郭がはっきりしているならレーザー治療でキレイに除去できます。

目元のシワ

シワは深さ別に 対応を

浅いシワには保湿力が高いアイクリーム、弾力の衰えにより起こる深めの加齢ジワにはレチノール配合のアイクリームを。

肝斑

トラネキサム酸の 内服を

紫外線、摩擦は避ける。トラネキサム酸の内服が一般的。さらに病院では内服のほか、ハイドロキノンなどの外用薬の処方も。

くすみ

原因が 多岐にわたる

乾燥なら保湿。血行不良なら運動や入浴。角質肥厚なら角質ケア。メラニンによるくすみなら美白ケアが必要になります。

ほうれい線／たるみ

エイジングケアが必要

真皮の衰えが原因。レチノールやコラーゲンが配合されたエイジング対策コスメを。進んでしまったら医療に頼る必要あり。

たるみの原因は姿勢にもある

スマホやPCの利用が増えている現代人は首が前に出て、前屈みになり、姿勢が悪くなっています。体の皮膚は１枚でつながっているわけですから、自ずと顔の皮膚も下に引っ張られ、落ちてしまい、たるんで見える状態に。スキンケアだけでなく、姿勢矯正もたるみ改善には必要。

ニキビ

炎症が起きたらすぐ病院へ

初期段階の白ニキビ、皮脂が酸化した黒ニキビには酵素洗顔とビタミンCコスメ。痛みをともなう赤・黄ニキビは病院へ。

ニキビ痕

色素沈着は美白ケア。凹凸は病院へ

炎症を起こしたニキビはメラニンを誘発するため色素沈着します。その場合は美白ケアを。肌が凹んでしまったら病院へ。

むくみ

ポンプ機能を回復させる

飲食でむくんだ場合は、湯船につかり血行促進を。筋力不足でむくみやすくなっている場合は、早歩きでの散歩がおすすめ。

32

美容医療とのつきあい方

時間と労力を考えたら
医療に頼ったほうが
よいことも

即効性があり、かつ医師の診断のもとに施術を受けられることを考えれば、早めに頼る選択は大いにあり。自己判断によるセルフケアで、トラブルを悪化させることも防げます。医療と聞くと高額なイメージがありますが、保険診療が利く施術もたくさんあります。

すぐにでもおすすめリスト

ニキビ痕治療

色素沈着か
凸凹か

色素沈着には外用薬やレーザー治療、ビタミンCなどの内服薬が処方されます。クレーター状の凸凹ならば軽度ならピーリング、レーザー治療、重度ならばコラーゲン、ヒアルロン酸の注入も。

ニキビ治療

保険診療での
受診も可能

症状の改善・予防にもつながる塗り薬や内服薬、体質改善のための漢方薬を処方してくれるところも。自由診療で、高周波やレーザー治療も選べます。ニキビは悪化する前に積極的に病院にいきましょう。

脱毛（ムダ毛・ヒゲ）

安心安全、そして
確実に脱毛できる

毛根と毛を再生させる細胞を熱で破壊するレーザー脱毛。医療機関では医師のもと、確実な脱毛が叶います。サロンに比べ、回数も期間も短くて済み、トラブルが起こった時の対応も速やか。

肌のためにヒゲを
脱毛するという考え方も

まめなヒゲ剃りが必要な男性は、毎日、皮膚を削っているようなもの。ヒゲはきれいに剃れていても、肌はトラブルだらけなら、脱毛を検討するのも一案です。

すぐにでもおすすめリスト

皮膚を活性化させる施術

肌の基礎体力を即効でアップ

高周波、超音波、光などを肌に照射し、スキンケアでは届かない深部の細胞を活性化したり、あえて肌にダメージを与え、その治癒を通じて肌の力を呼び覚まします。ダウンタイムの有無は事前に要確認。

ワキガ、脇の下の汗対策

保険診療が利く施術も

多汗症は汗の疾患治療を行っている保険診療の病院へ。治療や外用薬の処方を受けられます。自由診療でボトックス注入も。ワキガにも保険適用の手術療法があり、自由診療もバリエが豊富。

ほくろ除去

保険診療で手術可能

局部麻酔をしてメスで切除し、皮膚を縫い寄せる手術に。保険診療の手術でとり除けるため、皮膚科、形成外科で相談を。自費にはなりますが、レーザーで色をとったり、盛り上がりを削ることも可能。

シミとりレーザー

バレずに除去する方法も

レーザー照射後かさぶたになり、かさぶたがはがれるとともに、シミも一緒にはがれます。時間、回数はかかりますが、細かいかさぶたができるダウンタイムがない施術も。

眼瞼下垂のチェック方法

額に手を押しあてた状態で目を見開いてみます。開けづらかったり、額が動いたりしたら、眼瞼下垂になりやすい状態。日常に支障が出てくる前に形成外科で受診の検討を。

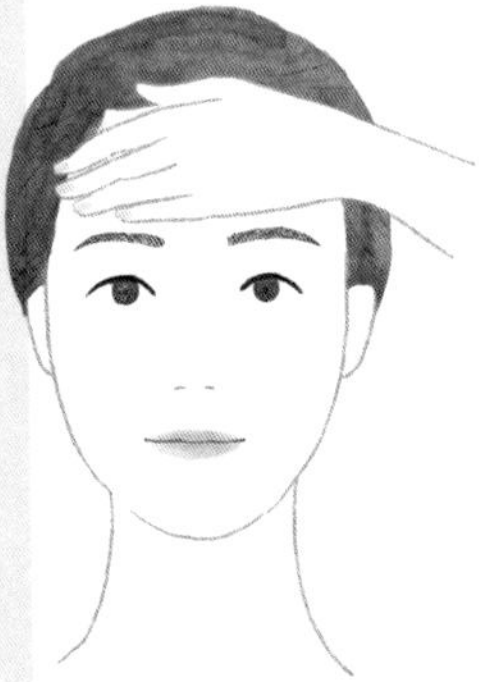

眼《がん》瞼《けん》下《か》垂《すい》

40代になったら受診の検討もあり

まぶたの二重の幅を変えたり、眉部分から吊り上げたり、症状や仕上がりの見え方などを鑑み、医師と手術方法の相談を。手術自体は難しくないが、センスが問われるので医師選びは慎重に行いましょう。

クリニックの選び方

知人のクチコミ

「個人の感想です」が横行するSNSではなく、ネガティブ情報も共有でき、自分と金銭感覚や美的センスが合う知人の口コミを信頼しましょう。

明朗会計

施術前に医師とのカウンセリング時間をきちんととり、治療方針を明確にしてくれること。併せて事前に価格の提示をきちんとしてくれること。

先生とスタッフの顔を好きになれるか

スタッフの多くは、最新機器や技術を自ら試しています。働くスタッフの肌や顔の印象が似ている場合も多く、その顔になりたいかどうかも基準に判断を。

モニター料金に惑わされない

美容医療は高額ですが、価格の安さに惑わされないように。モニター料金は初回だけ、うまく宣伝材料に使われてしまうことも少なくありません。

33

スキンケアの落とし穴

押し洗い

よかれと思って
いることが
裏目に出ることも

「こすらない」ことは重要ですが、泡を顔にのせて手の上でバウンドさせるだけの「押し洗い」では、汚れを吸着しきれないことも。押し洗いを推奨していない洗顔料での押し洗いは避けましょう（P.44参照）。

シートマスクの長時間使用

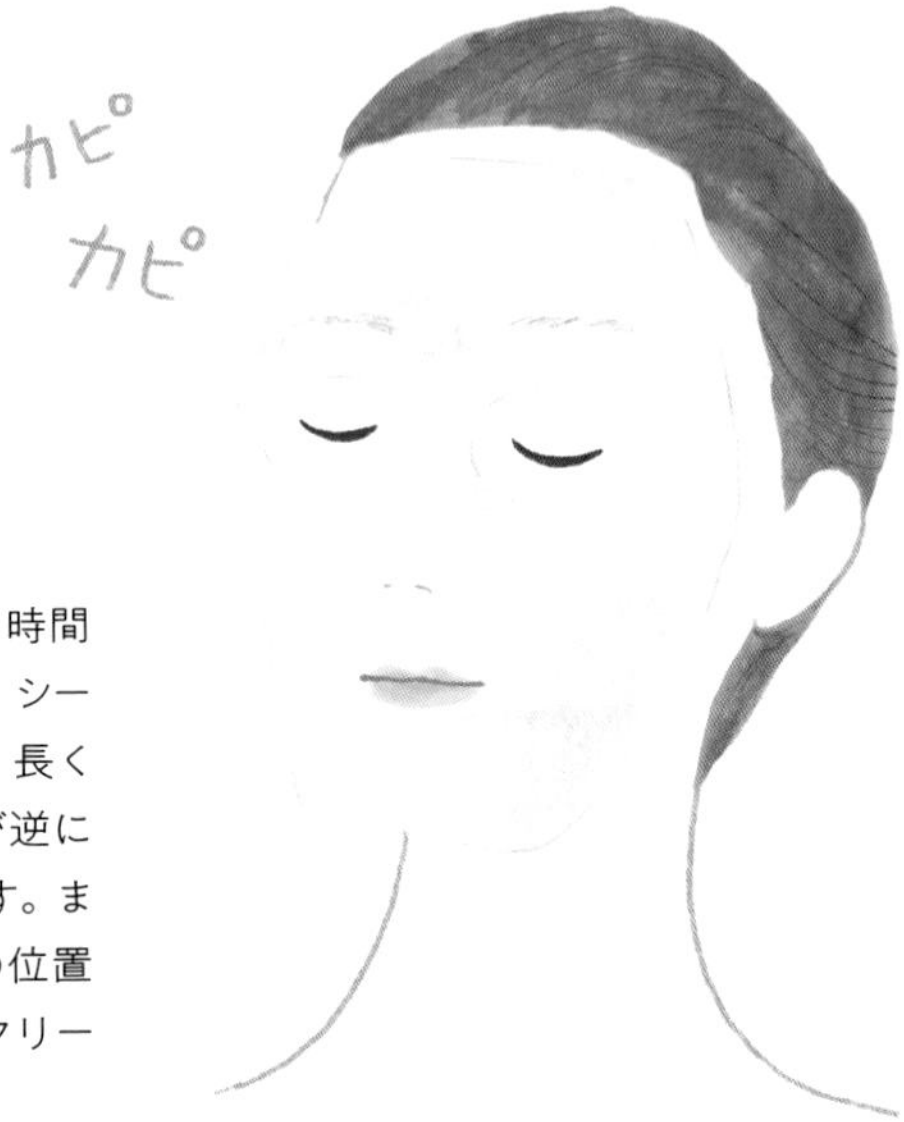

シートマスクを顔にのせる時間はメーカーの説明通りに。シートは吸水性も高いので、長く置くと乾いてきたシートが逆に肌の水分を吸い始めます。また、基本的には美容液の位置づけ。化粧水、乳液やクリームを省かないこと。

酵素洗顔の頻度が高い

ザラつきが気になる時は使用頻度を上げてもいいですが、その場合もザラつく部分だけにすること。過剰な使用は、古い角質だけでなく健康な角質もはがれやすくし、バリア機能が低下します。

クリームでマッサージ

マッサージ用クリームは肌の上に残るよう設計されていますが、通常のクリームやオイルは肌になじんでいく設計になっています。摩擦につながるので避けましょう。

メイク

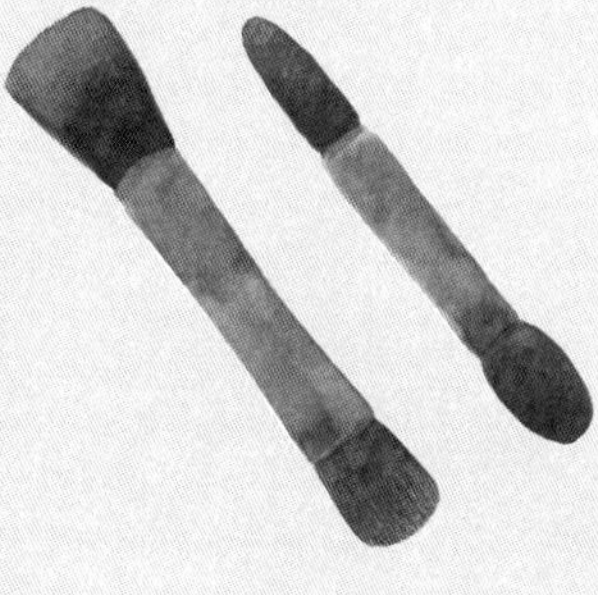

今のメイクに
満足ですか？
やることが
たくさんなようでいて
やらなくて
いいこともたくさん

34

メイクを始める前に

まず、叶えたいのは
「疲れて見えない」こと。
それだけでも十分キレイ

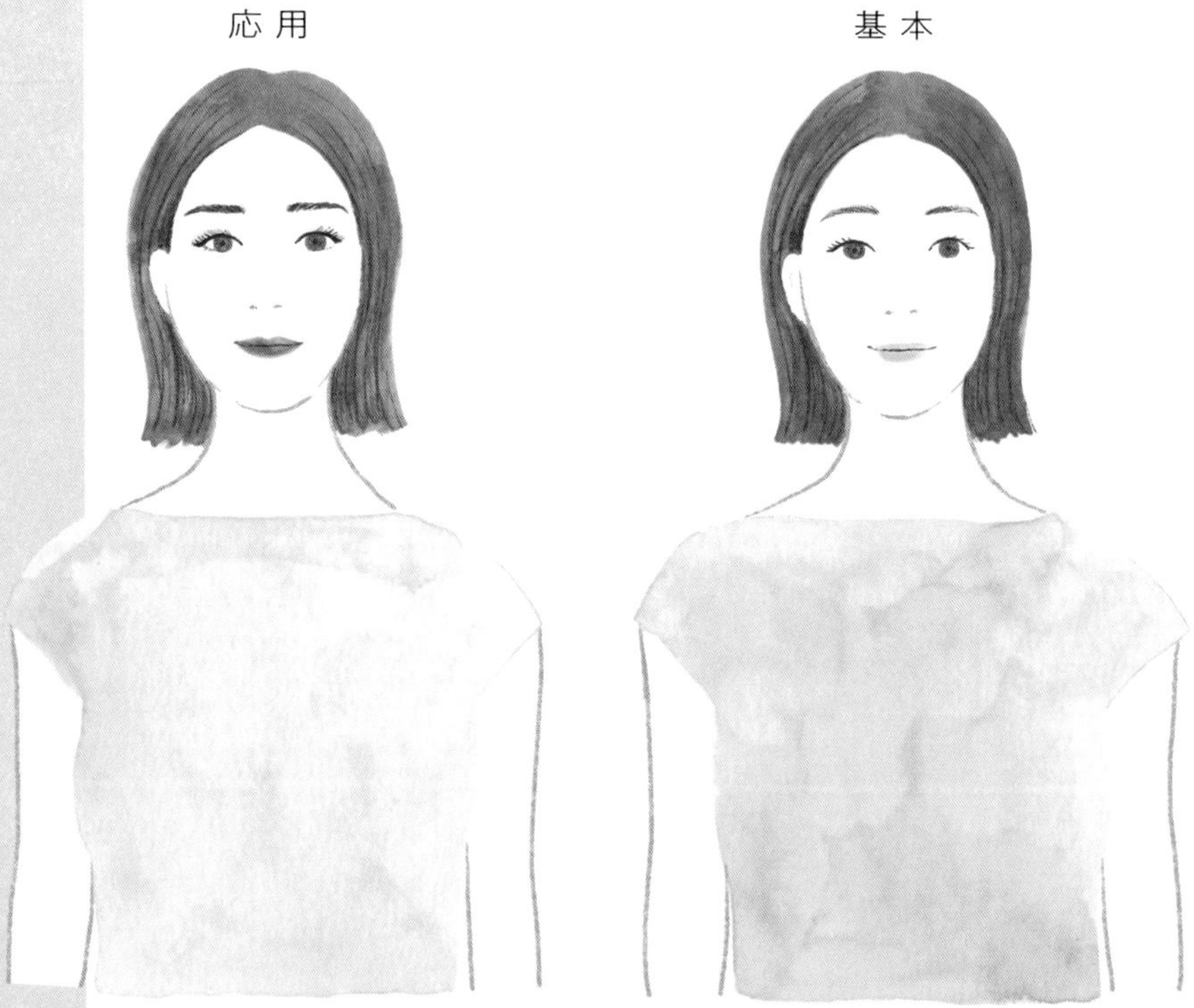

変身しようとしなくていい

メイクはやろうとすればやることは無限にあります。それが、「楽しさ」だけでなく、「息苦しさ」を感じてしまう理由。どうしたらよいかわからない時は、「疲れて見えない」「健康的に見える」ことをメイクの主目的に。

くすみをなくす、血色をよくする……疲れて見える要素を減らすだけで実はキレイに見えます。「目を大きく見せる」「可愛く見せる」などのメイクテクニックはお楽しみ。それくらい気楽に考えましょう。

笑顔でメイクする

表情次第で眉の位置や頬の高くなる位置は変わります。笑顔で過ごしたいなら笑顔で。真剣な場面に出る日は真剣な表情で。メイクをする時の表情がその日の「基本の顔」になります。

パジャマのまま
メイクしない

その日過ごす服に着替えてからメイクをしましょう。そうするだけで、色みや濃さの「やりすぎ」「足りなすぎ」のさじ加減が見えやすくなり、バランスがとれます。服の色みや雰囲気に合わせやすくなるのでチグハグな印象になりづらくもなります。「服が汚れてしまいそう」と思うなら、着る予定の服を体にあてながらメイクしてみましょう。

小さい鏡だけでメイクしない

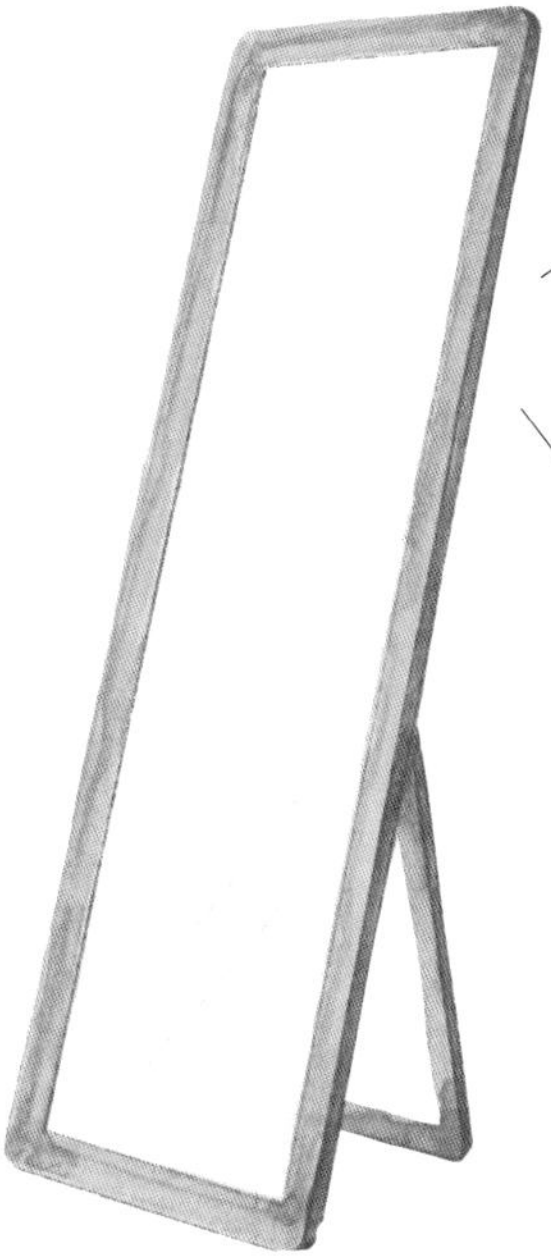
全身
髪と服とメイクのバランスをチェック

顔全体
メイク全体のバランスをチェック

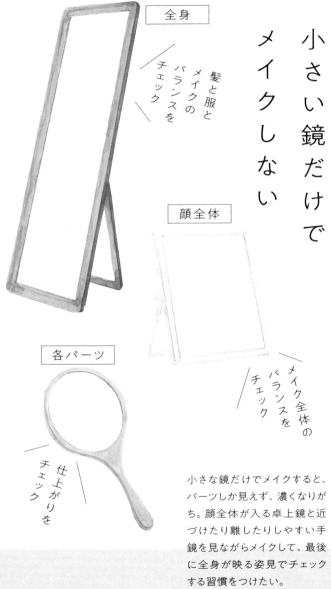

各パーツ
仕上がりをチェック

小さな鏡だけでメイクすると、パーツしか見えず、濃くなりがち。顔全体が入る卓上鏡と近づけたり離したりしやすい手鏡を見ながらメイクして、最後に全身が映る姿見でチェックする習慣をつけたい。

眉＋リップ＋チークだけでも十分

ファンデーションもアイライナーも……すべてやらなければ意味がない、という思い込みがメイクを億劫に感じてしまう大きな理由。眉、リップ、チーク。実は、この３工程だけでもメイクの効果は十分。

35

メイクアイテムを買う前に

1年ごとに使用アイテムを見直そう

コスメは日々改良されています。頻繁に買い替える必要はありませんが、テクニックを上達させるより、コスメの進化に頼ってしまったほうが効率的という考え方もあります。エイジングによる肌質の変化もあるので定期的に見直しを。

「流行」よりも「ベーシックを更新する」ことを意識

使って気持ちが落ち着くアイテムを自分のベーシックととらえ、それを基準にバリエーションを増やす気持ちで。迷った時は、今使っているアイテムの最新バージョンを。より使いやすく、洗練された仕上がりに改良されていることが多い。

同じ色でもマットとツヤで雰囲気は変わる

マットタイプは、ふんわりと発色がよく、色落ちしづらい傾向があります。きちんとした印象になりますが、一方でシワや毛穴が目立ちやすい特徴も。ツヤタイプは、しっとりとしたうるおい感が出せ、シワなどの粗を目立たなくしてくれます。カジュアルな印象も出せますが、色落ちしやすい傾向に。質感は、多様に進化をとげています。色だけでなく、質感も意識しましょう。

すぐ買わず、いろいろな光の下でチェック

店頭の照明はメイクの仕上がりがよく見えるよう調整されている場合がほとんど。すぐに購入せず、できれば蛍光灯、間接照明、自然光など、いろいろな光の下で色みやきらめきの出方のチェックを。時間をおいて様子をみることで、持ちを確認することもできます。

試したら、時間をおいて
ここをチェック！

ベースメイクアイテムの場合

□くすんでない？

□シワが目立ってない？

□毛穴落ちしてない？

□皮脂くずれしてない？

□乾燥してない？

カラーアイテムの場合

□色が変わってない？

□色が落ちてない？

□パサついてない？

□ヨレてない？

36 下地の選び方

下地はうるおって肌がなめらかになる保湿タイプを

うるおった肌は明るく見え、過剰な皮脂分泌も抑えられます。スキンケア直後の肌状態を持続させてくれ、かつファンデーションののび、つき、持ちをアップしてくれる保湿系下地を選びましょう。皮脂吸着パウダーなどを配合した皮脂くずれを抑える下地もありますが、時間が経つと肌がパサパサになったり、くすんでしまう原因にも。使う場合は皮脂分泌が多いTゾーンだけに。

モロモロしてしまう時の対処法

スキンケアに含まれる水溶性の増粘剤（カルボマー、キサンタンガムなどのポリマー）が、重ねるアイテム（主に日焼け止めや下地）に配合された粉体などにより縮まって、消しゴムのカスのようにモロモロすることがあります。その場合は、使うアイテムをチェンジ（とろみのないスキンケアにする、紫外線散乱剤の配合が少ない日焼け止め・下地を使うなど）したり、スキンケアの塗布量を減らしてみたり、擦らないように塗布するなどの方法を試してみて。

悩みがあるならコントロールカラーも使う

肌に赤みがあったらグリーンを。青グマにはオレンジを……といったように、ファンデーション塗布前に、色悩みの反対色を塗ると目立たなくなります。コンシーラーに比べればカバー力は弱いため、肌の上に薄い色の膜をかけることで自然にカムフラージュすることができます。悩みがある部分に使うのが基本ですが、薄づきのものであれば顔全体に使って、なりたい肌の色のイメージに近づけることも可能。使う色に迷ってしまった場合はブルーとピンクのいいとこ取りができるラベンダーカラーから試しましょう。

コントロールカラー 色の選び方

グリーン → 赤ら顔やニキビ痕が気になる部分に

ピンク → 血色が足りない部分に。優しい印象にしたい時に

イエロー → くすみ、色ムラが気になる部分に

オレンジ → 顔色が悪く、健康的な印象に見せたい時に

ブルー → 黄みや赤みを抑え、透明感、清潔感を出したい時に

ラベンダー → くすみを払って、やわらかな透明感を出したい時に

37

ファンデーションの選び方

なりたい肌の色を選んでよし

自分の肌の色に合ったファンデーションを選ぶと、どうしても実際の肌の色よりも暗く仕上がってしまいがち。もし、肌より明るめの色を選んだとしても、手に残った分を首までのばすことで顔だけ白浮きして見えることを防げます。襟につくのが気になるなら、襟の内側に襟汚れ防止用のテープを貼ってしまうのも手。

簡単にキレイになれるのはリキッドファンデーション

のびがよく、肌にピタッと密着し、うるおった肌に宿るツヤ感が叶います。濃淡もつけやすく、より自然な立体感を実現することも可能に。仕上がりがなめらかで、持ちもよい。

試す場所は、人差し指と親指の間の付け根部分

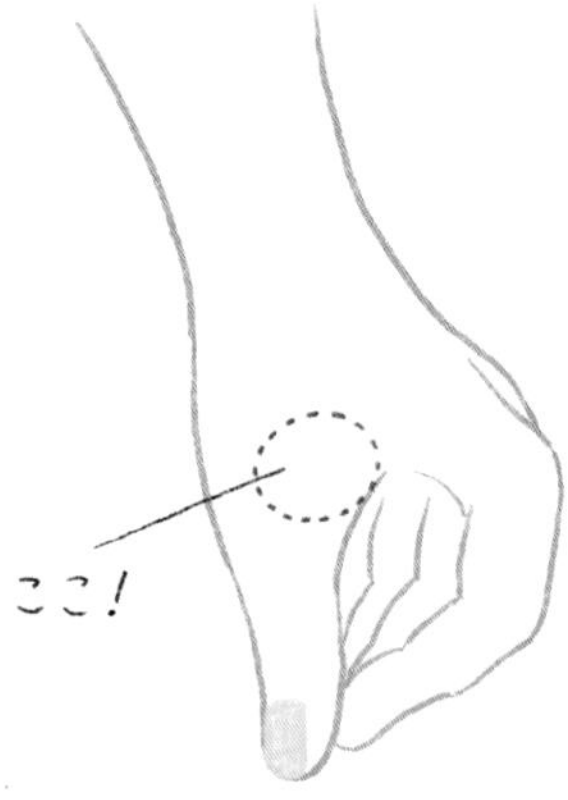

手の甲のキメが整ったキレイな部分ではなく、あえてキメが粗く、動きが大きい部分で試しましょう。指を動かすことで、のびのよさやキメやシワへの粉落ちがチェックできます。

リキッドのほかには こんな種類がある

パウダリー	粉末を固めたタイプで皮脂吸着効果が高い。油分で密閉すると悪化するニキビができた時に重宝。マットな仕上がりで厚塗りに見えてしまうことも。
クリーム	リキッドより油分が多い。乾燥しやすい秋冬にはリキッドから切り替えても。カバー力が上がるものが多いので、ていねいに仕上げる必要があります。
クッション	リキッドがスポンジに染み込んだタイプ。携帯しやすいので化粧直しには最適。衛生管理に手間がかかるので、パフをまめに洗う必要があります。
BBクリーム	BBは（一般的には）ブレミッシュ・バームの略。ワンステップでベースメイクが完成するので時短には便利。本来、肌の赤みや傷を隠す軟膏として開発されているため、カバー力は強め。厚塗りに見えたり、肌が暗く見えてしまうことがあります。
CCクリーム	CCは（一般的には）コントロールカラーの略。BB同様、一本でベースメイクが完成。BBよりスキンケア効果が高く、薄づきなものが多い。

※BB、CCクリームは、保湿効果、日焼け止め効果、下地効果、その後にファンデーションを使う必要があるかなど、ブランドによって、定義、内容が異なります

38

コンシーラーの選び方

広めの面（クマ・肝斑など）には柔らかめ、
狭い点（シミ・ニキビ痕など）には
硬めタイプを

柔らかめのリキッドタイプは面で広げやすい。硬めの練りタイプ（スティックやパレットの形状）は色素が多く配合されている分、カバー力が高めで点での狙い撃ち向き。

39

アイブロウアイテムの選び方

パウダーもペンシルも色はブラウン一択

地眉が黒くてもグレー系を選ばなくてOK。グレーは色素が強いため「描いた感」が出やすい（凛々しい印象に仕上がるので男性の眉には似合いやすい）。眉色、髪色、瞳の色、肌の色などを問わず自然になじむ万能カラーはブラウン。

スキンケア
メイク
ヘア
その他

ペンシルは極細を選ぶ

通常のペンシルは芯の太さが1.5㎜程度。約1㎜のものを選べば一本一本眉を描く感覚がつかめ、よりリアルに自然な眉を描くことが可能に。軽いタッチでも発色するものを選びましょう。

40 リップの選び方

すっぴんに塗っても顔色がくすまないかどうか

自分に合う色を探しているなら、同じ光の下、数色をすっぴん（or 薄化粧）の状態で塗って、肌が明るく見えるものを選んで。淡いベージュでも、鮮やかレッドでも考え方は同じです。

ツヤのある落ち着いたピンクベージュか、コーラルベージュのリップスティックが万能

「ベーシック」としての１本を見つける際には、マットではなくツヤがあり、赤みのあるベージュを狙いましょう。白っぽいベージュは肌がくすんで見えやすいので注意が必要です。

コーラルベージュ　ピンクベージュ

迷ったら腕の内側に塗ってチェック

2～3色で迷っているなら、腕の内側に気になる色を塗り、唇の位置に合わせながら顔色が明るく見えるものに決めてみるのも方法のひとつ。唇に直接何度も塗って荒れてしまうのも防げます。

41

アイシャドウの選び方

ベージュと淡いブラウンの2色を

ツヤのあるベージュでくすみを払い、淡いブラウンとの2色使いでまぶたの陰影を強調。ブラウンは肌の色よりやや暗めが目安。この2色が入っているパレットを探しましょう。

スキンケア
メイク
ヘア
その他

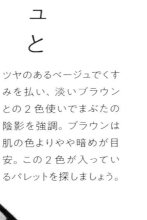

ベッタリと色がつかないものを選ぶ

濃い色のアイシャドウで囲むと逆に目が小さく見えてしまいます。自分の肌の色が透けて見えるくらいの薄づきの質感が理想。粉体が細かく、繊細に色づくものを吟味して。

「色をつけなくては」という考え方は無用

「何色かわからないと」とか「色がないと不安」という気持ちは忘れて。「色が主張する＝メイクが濃い人という印象につながりやすい」ことを覚えておきましょう。

42 アイライナーの選び方

くり出し型のジェルアイライナー、色はダークブラウン一択

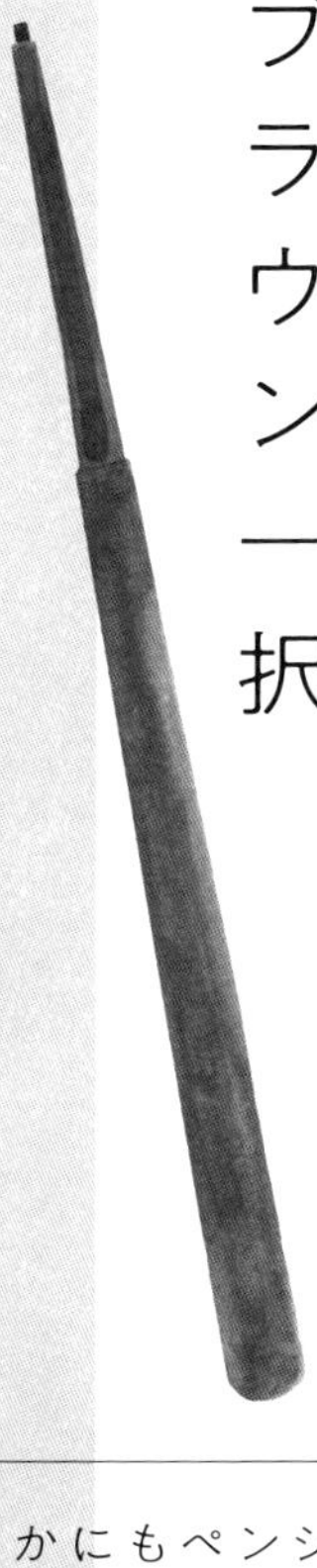

スルスルとなめらかに描きやすく色がしっかりとのります。まつげのキワにもラインが引きやすく、粘膜や皮脂でにじみづらいジェルタイプ。色はブラックよりも優しい印象に仕上がるダークブラウンを。黒よりもガタつきが目立ちにくい。

ほかにもペンシル・リキッドタイプがある

ペンシルタイプは芯が硬めで色がのりづらいため、筆圧を強めてしまい、目に痛みを感じることも。リキッドタイプは、慣れるまでは太さが定まりづらく、はっきり発色するためガタつきが目立ちます。アイシャドウにもなじませづらいので上級者向き。

43

マスカラの選び方

ブラシは小さめ。
色は黒

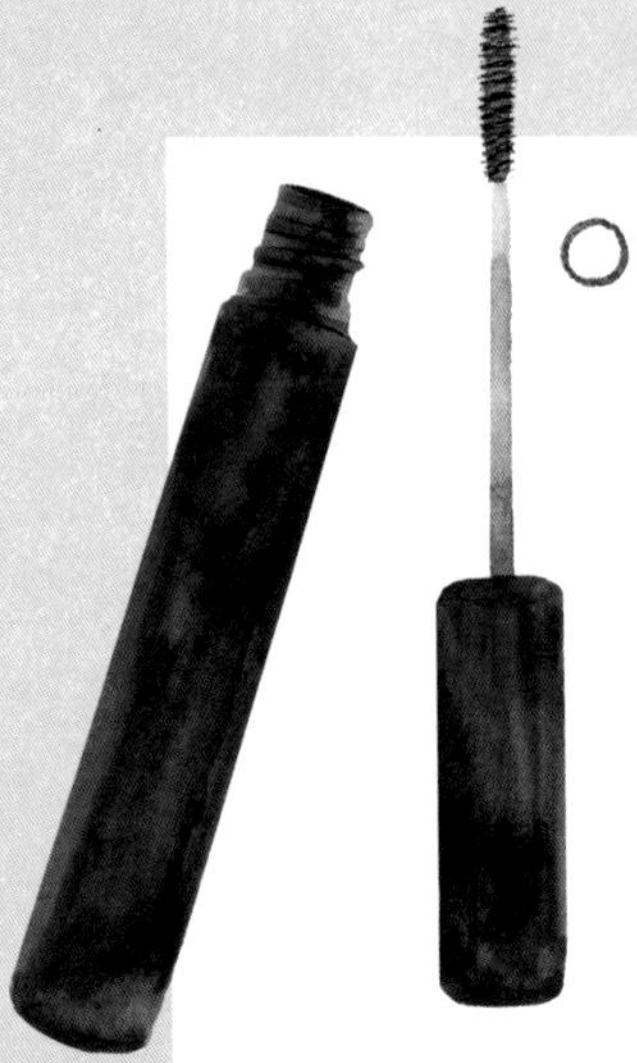

小回りが利くコンパクトなブラシは、まつげの根元にブラシがきちんと入り、短い毛、細い毛をもキャッチしつつも、まぶたには液がつきづらいのが特徴です。繊維入りは長さは出しやすいですが、きれいにつけるのに手間がかかるので“なし”のタイプを選びましょう。色は、ツヤのある漆黒を選んで。まつげの「黒」を自然に際立ててくれます。

44

チークの選び方

血色を把握する

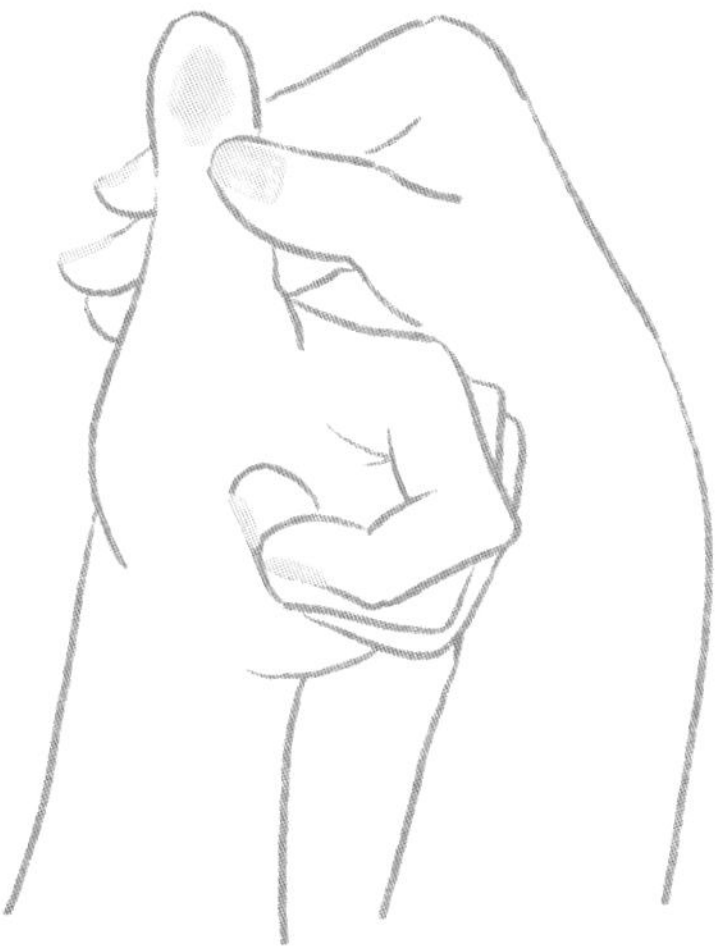

チークのカラーバリエーションも増えてきましたが、「チークは顔色をよく見せるためのもの＝血色感」と割り切っても問題ありません。湯上がりの紅潮した頬の血色感が目標。よくわからない場合は親指を軽く押した指先の赤みを目安に。

まずはパウダータイプを選ぼう

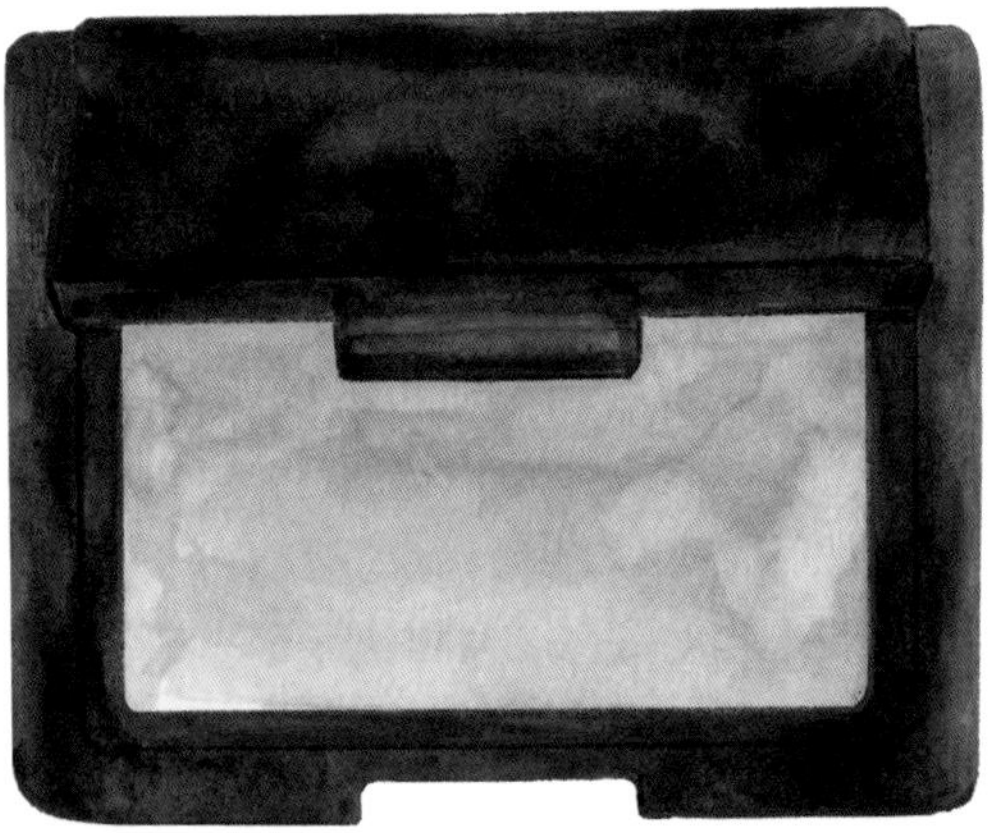

「顔色をよく見せるため」に徹するチークは、ふんわりと“血色のヴェール”をかけられるパウダータイプが簡単。主張せずに、さりげなく赤みがさすだけでも顔全体の肌の色が明るくなります。

45 ツールの選び方

スポンジ

１ヵ所に圧が集中しない、厚くて大きいものを選びましょう。細かい部分は端を使って。

厚みがあるもの

アイラッシュカーラー

まぶたのカーブに沿うものを。国産メーカーのものはカーブがゆるやかでフィットしやすい。

まぶたのカーブに合うもの

付属のチップやブラシはテクニックが必要

パレットに付属しているツールは小さめのため色が濃くつきやすく、加減が難しい。メイクに慣れていないうちは、化粧直し用に携帯するもの、と割り切って使用してみましょう。

まず揃えたい2本のブラシ

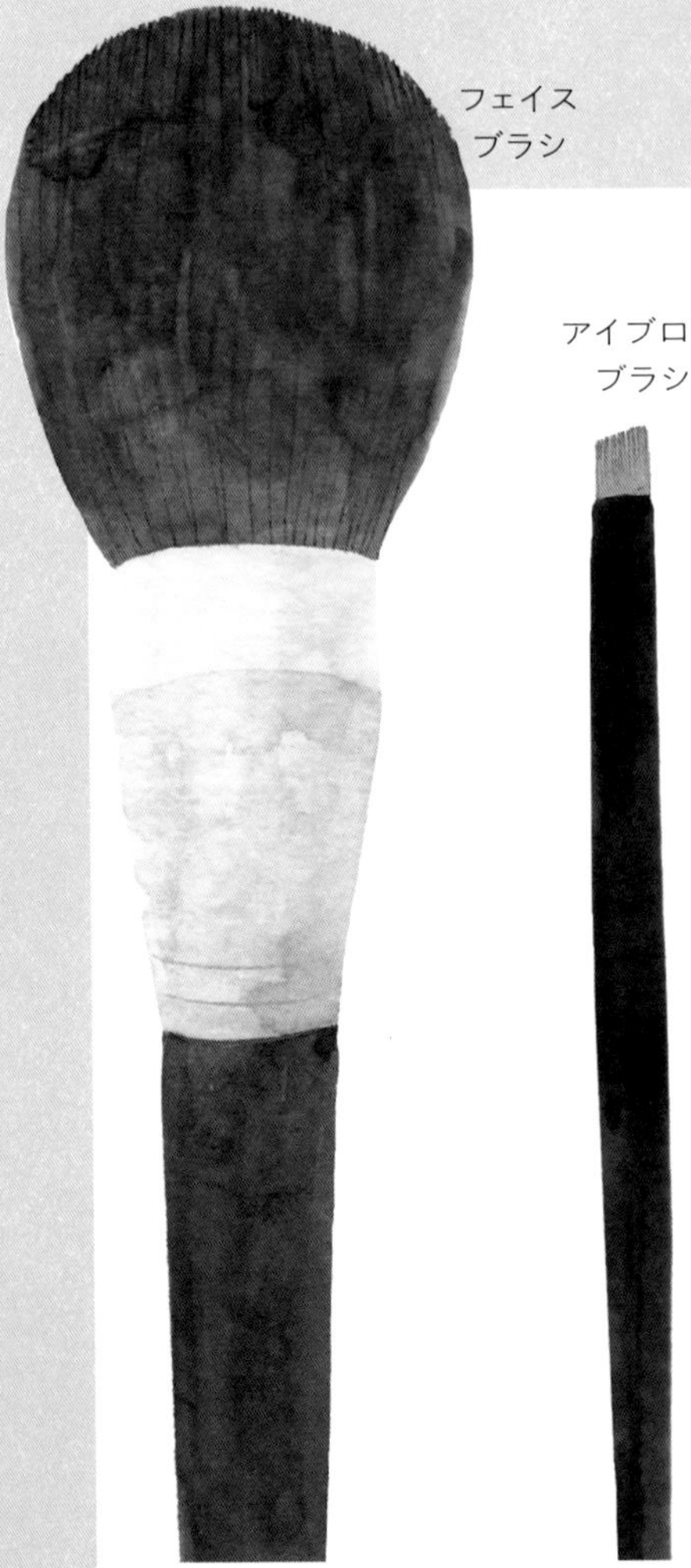

テクニックいらずでメイクの完成度を上げてくれるメイクブラシ。その中でも、まず試してほしいのが、大きめのフェイスブラシとアイブロウブラシ。フェイスブラシは大きく、毛が柔らかく、毛量があるものを。アイブロウブラシは毛先が斜めにカットされ、毛質にコシがあり、柄が持ちやすいものを選んで。

この２本でメイクはもっと簡単キレイ！

密度があり、柔らかい毛質のアイシャドウブラシなら、アイシャドウをまぶたにふんわりムラなくのせることができます。リップブラシ用におすすめなのが、幅広な形状で、油分を吸い込まないナイロンやポリエステルのコンシーラーブラシ。

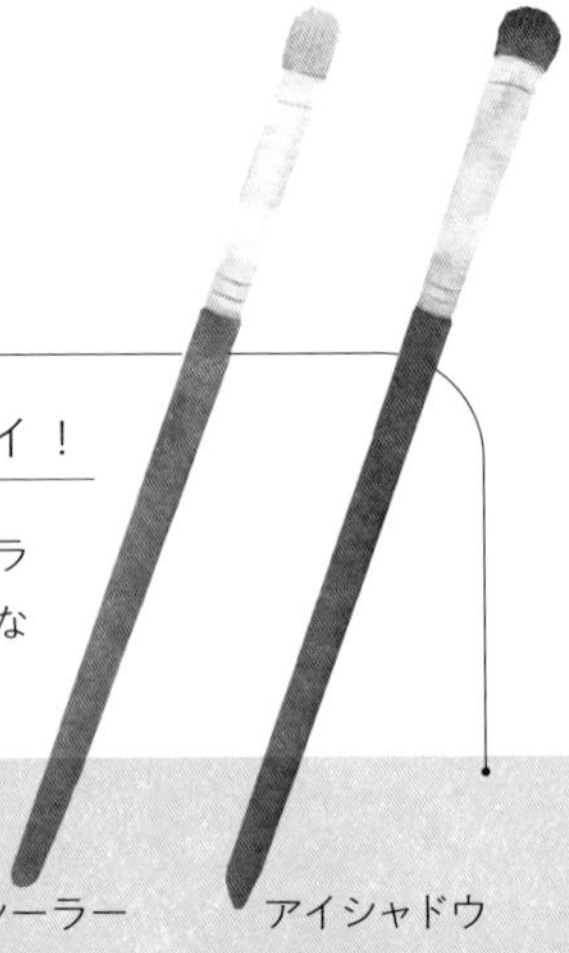

46

ベースメイクで目指すのはツヤのある肌

ツヤが肌の粗を目立たなくする

うるおいがあり、キメが整った肌は、光を均一かつ自然に反射するので、なめらかな

目指すのは、むき卵のツヤ

ツヤ肌に見えます。ベースメイクで目指したいのは、テカテカでもギラギラでもない、そんなむき卵のようなツヤ感。ツヤがあると肌表面で光がまわるので、くすみや色ムラなどのエイジングサインを目立たなくしてくれます。

一方、マットな肌は、端整な印象は目指せますが、仕上がりの状態を完璧にし、かつキープし続けるのが大変。ツヤ肌は多少の粗や化粧くずれを目立たなくしてくれる、というメリットもあります。

47 ベースメイクの順番

スキンケア
・最後は日焼け止め

↓

下地
・ファンデーションのつきをよくする、うるおい系
・悩みがあるならコントロールカラー★

↓

リキッド派
パウダリー派

塗る範囲

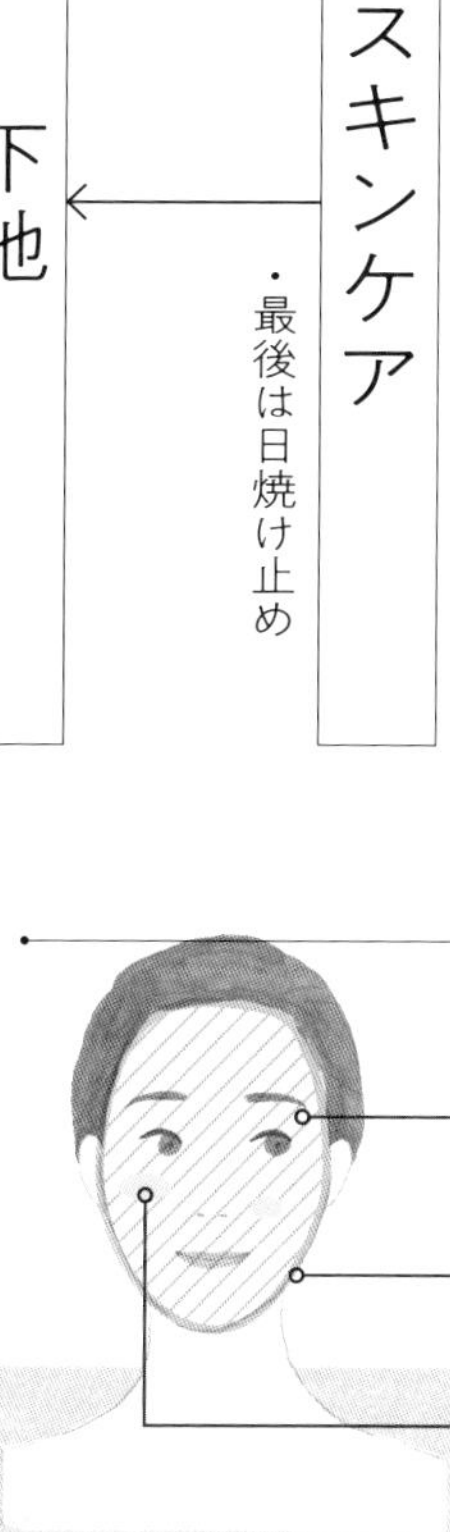

日焼け止めは
肌が露出している部分に

うるおい系下地は顔全体に
（手に残った分は首までのばす）

コントロールカラーは
悩みのある部分に

リキッドファンデーション

※BBクリーム・CCクリーム・クッションファンデーションも同様

↓

コンシーラー★

↓

フェイスパウダー★

★…省いてもOK

コンシーラー★

↓

パウダリーファンデーション

コンシーラーは粉ものの前と覚えておきましょう

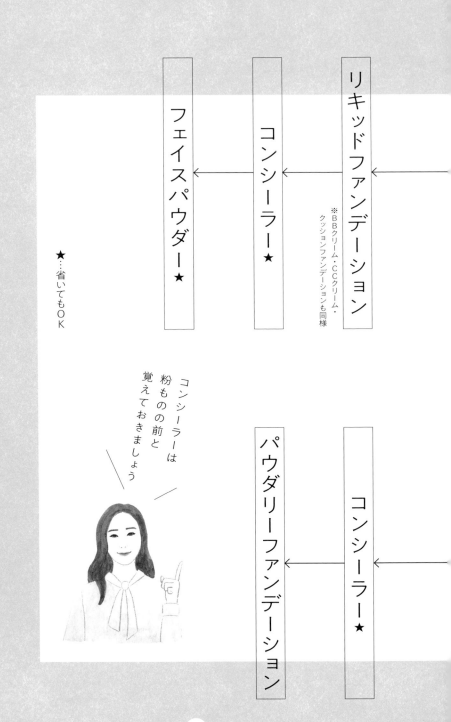

48

ベースメイクの考え方

揚げ物のレシピと考え方は一緒

仕上がりの完成度を左右

「ファンデーションだけ塗ればベースメイクはOK」と考えてしまいがちですが、スキンケアと下地は、仕上がりの美しさだけでなく、ファンデーションのつき、持ちをアップさせるために必要です。

ファンデーションは粉体を肌にのせるもの。たとえるなら揚げ物におけるパン粉のようなものです。素材にいきなりパン粉をつけ揚げ油に入れても、衣ははがれてしまいます。より美しく仕上げるためにも、ファンデーションを塗るならスキンケアと下地はマスト、と覚えておきましょう。

塩・胡椒＝スキンケア

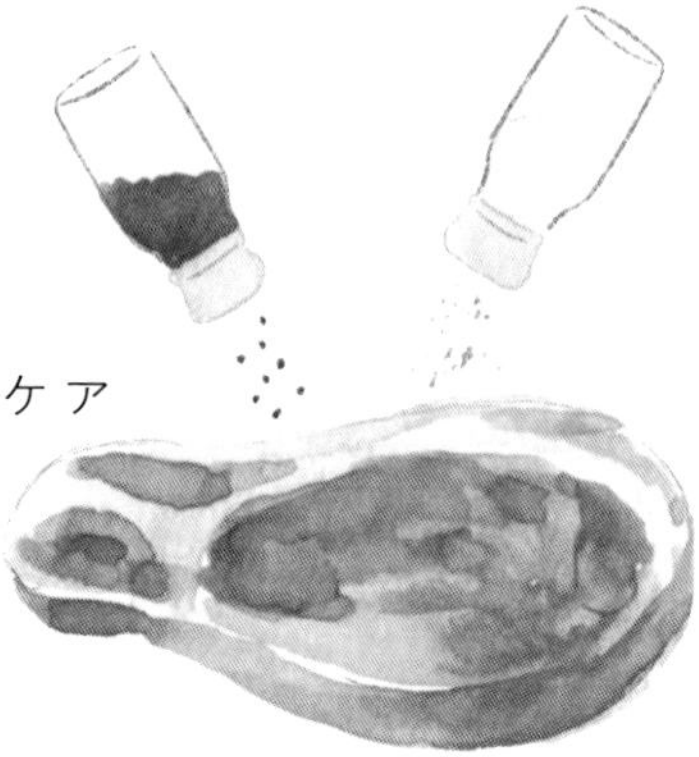

小麦粉・卵液＝下地

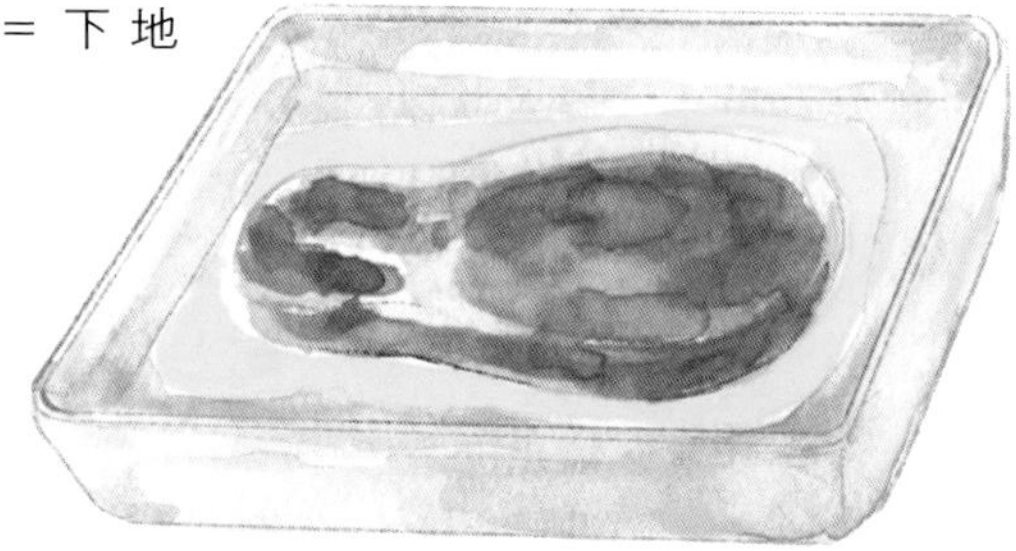

パン粉＝ファンデーション

49

ベースメイクをする前の準備

スキンケア直後にベースメイクをする

テカるからとスキンケアを省くのはNG（逆に乾燥くずれ、テカりくずれをしやすくなる）。保湿をし、日焼け止めまで塗ったら、そのうるおいが乾く前に下地を塗り始め、ベースメイクまで済ませましょう。ベースメイクの密着度が高まり、厚塗りになることもなく、より肌と一体化する美しい仕上がりが実現します。

産毛処理をしておくと化粧ノリがよくなる

処理したほうがよいエリアMAP

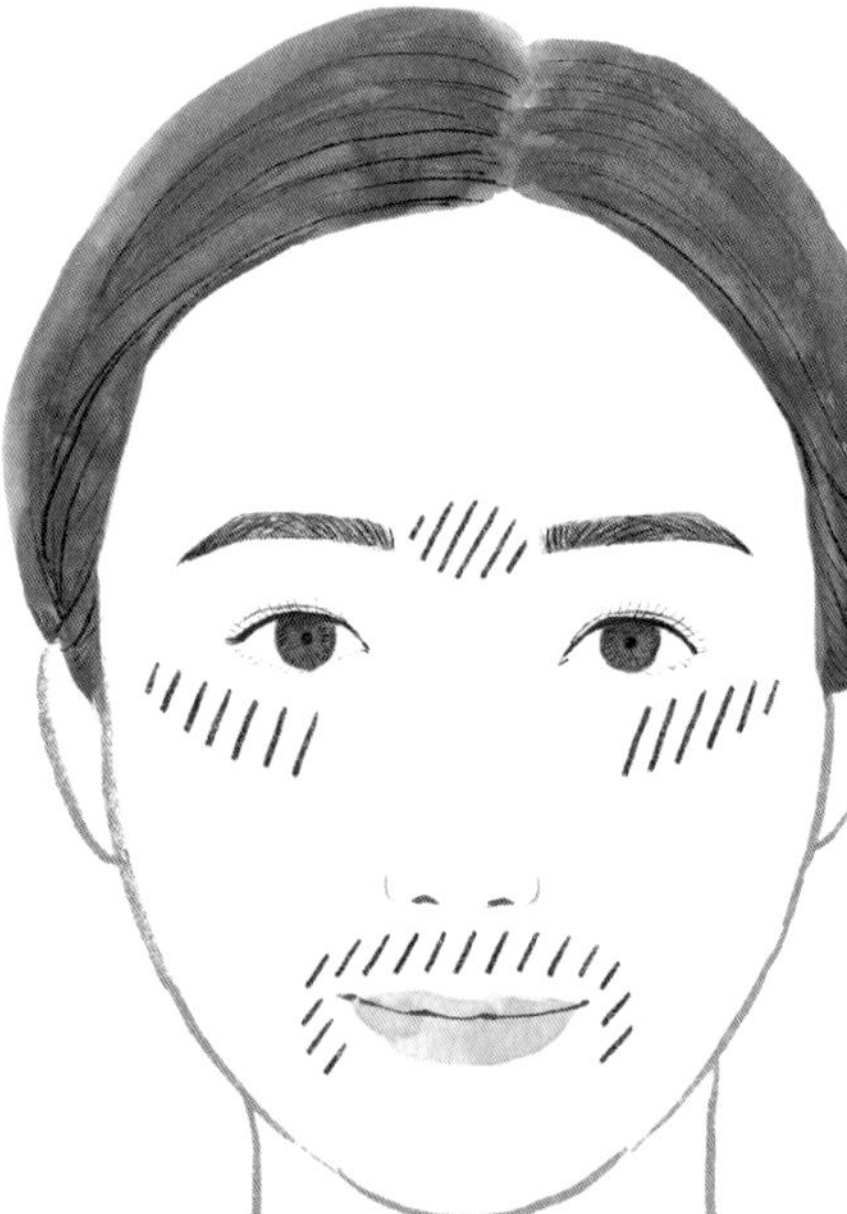

比較的濃い毛が生えがちなエリアは産毛用シェイバーで処理を。肌の透明感や化粧ノリが高まります。剃毛は鰹節を削るように肌表面も削るようなものなので、乾いた肌では行わず、必ず乳液やクリームなどを塗布した後に。毎日ではなく、間隔はあけましょう。

50 下地の役割

ファンデーションのつき、持ち、のびをよくするために必要

下地の選び方はP.90へ

ファンデーションを塗るなら下地はマスト「ベースメイクの主役」と言ってもいいくらいに下地の役割は重要です。ファンデーショ

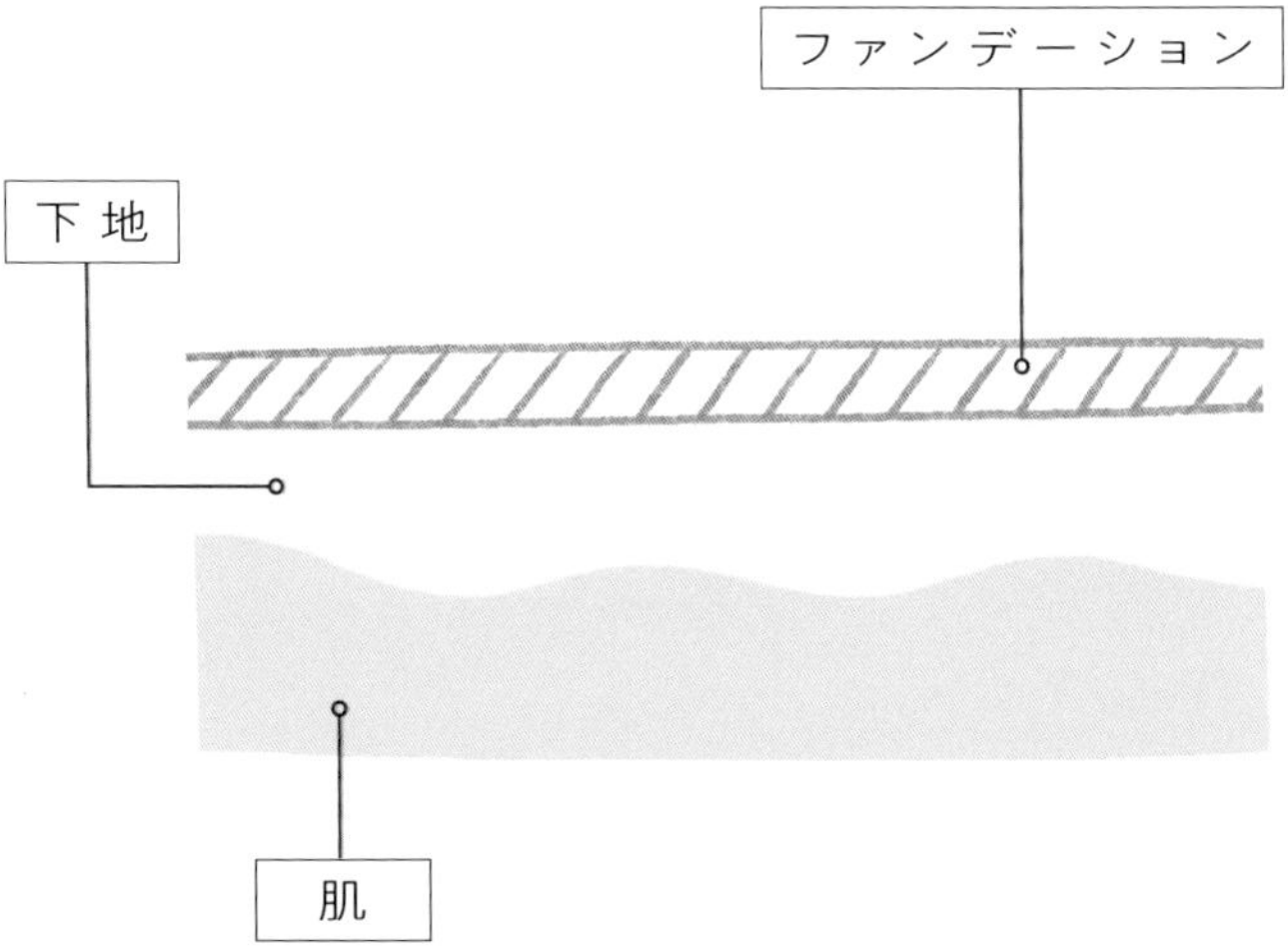

ンを塗る前に、色みや凸凹を整え、肌を少しだけ明るくしておくことで、求める仕上がりにより近づけることができます。後から使うファンデーションの密着度もアップし、さらに、その仕上がりをキープするのも下地の役割です。

「メイク感が出ない」「どうしてもベースメイクが厚塗りになってしまう」という悩みがあるなら、ファンデーションより先に、今使っている下地やその量を見直してみるとよいでしょう。

51

ファンデーションを塗る範囲

顔の内側の「逆卵形」を意識しよう

ファンデーションの選び方はP.92へ

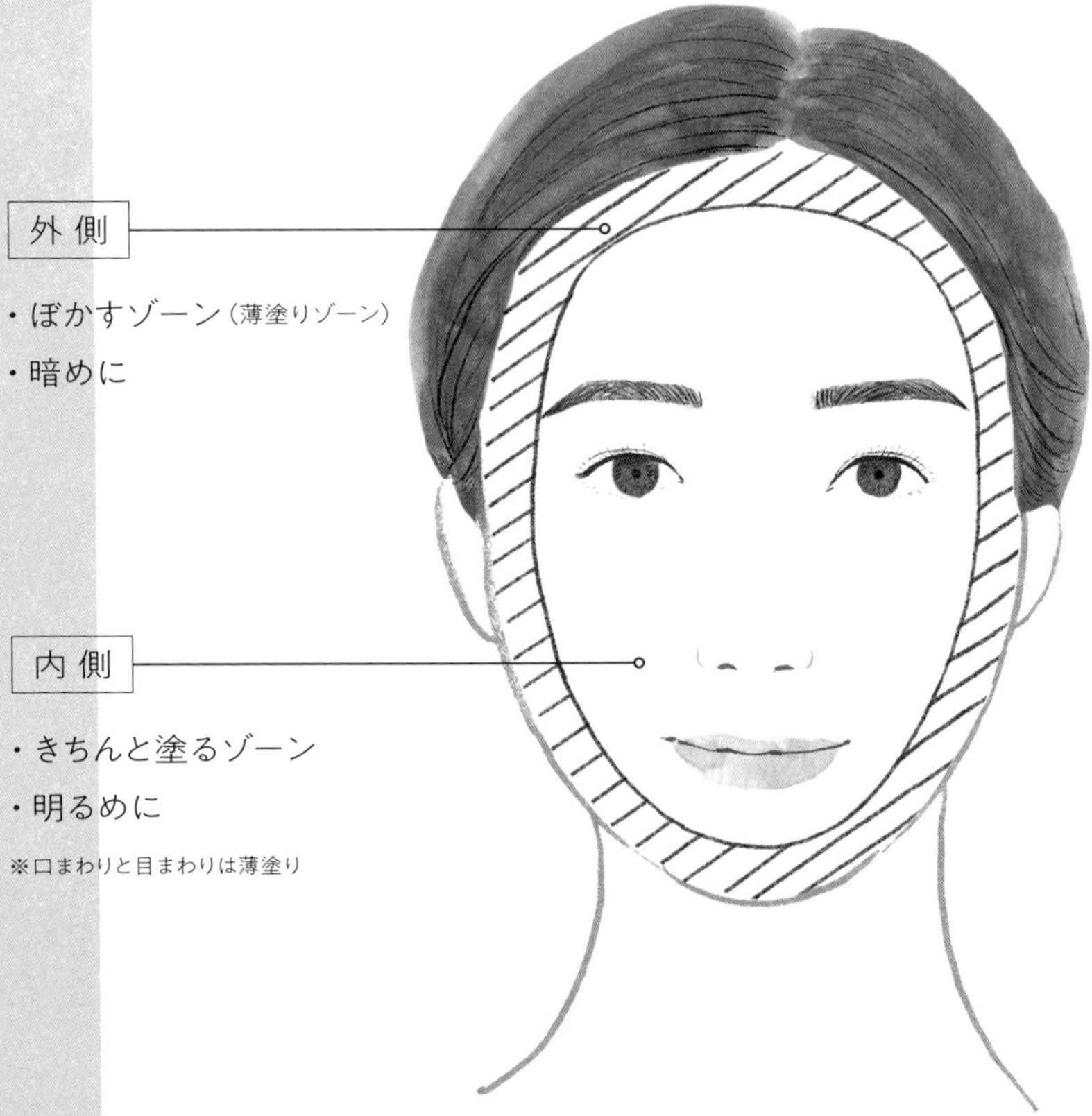
外側
・ぼかすゾーン（薄塗りゾーン）
・暗めに
内側
・きちんと塗るゾーン
・明るめに
※口まわりと目まわりは薄塗り

内側と外側で濃淡、明暗の落差を

フェイスラインの補整をし、立体的な小顔に見せるために意識したいのが、顔の中の逆卵形。この内側は、肌色補整系の下地、ハイライト、ファンデーションなどを塗るエリア。外側は下地やファンデーションはスポンジに残ったものをぼかす程度でＯＫのエリアです。

ファンデーションは厚く塗ると明るく見える特性があります。内側と外側の濃淡、それにより生まれる明暗の落差で、立体感のある小顔に錯覚させることができます。

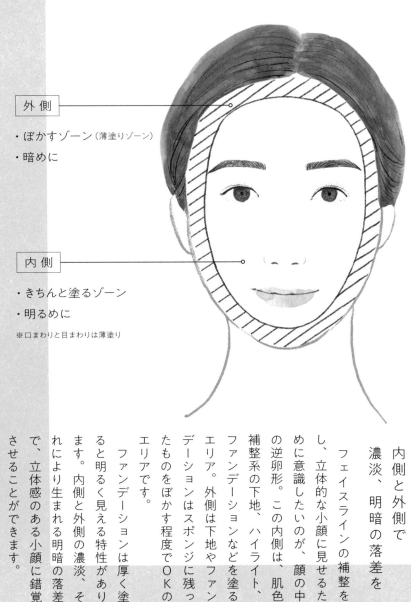

52 一番簡単なファンデーションの塗り方

手で、スキンケアと同じように塗る

リキッドファンデーションを手に取り、指の腹全体になじませたら、両頬、額、鼻先、アゴの５点にのせ、顔の中心から輪郭に向かって放射線状にのばします。スキンケアと同じ要領ですが、口まわりや、皮膚が薄い目まわりはヨレやすく厚塗りに見えやすいので薄く塗り、逆卵形（P.119）の外側は塗らないようにします。

塗り方はP.50へ

仕上げはスポンジでトントン

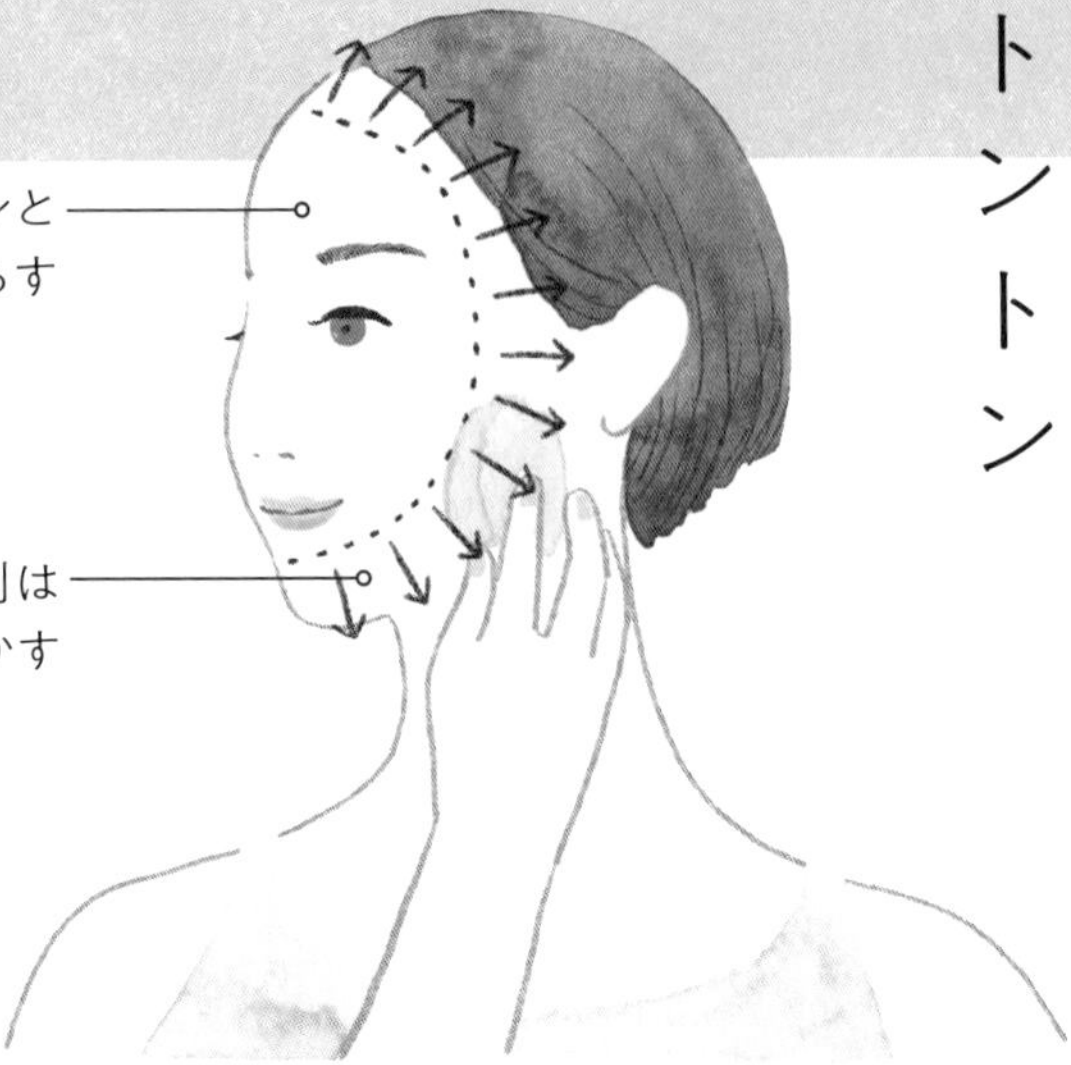
内側はトントンと
ムラをならす
外側は
きちんとぼかす

顔の逆卵形の内側部分にファンデーションを指で広げたら、スポンジでトントンと軽く叩くようにしてなじませ、筋や塗りムラをならします。外側はスポンジについたファンデーションをなじませる程度の薄さに仕上げて。最後に塗られている卵の内側と塗られていない外側の境界線をぼかしていきます。

スポンジがファンデーションを吸いすぎるなら

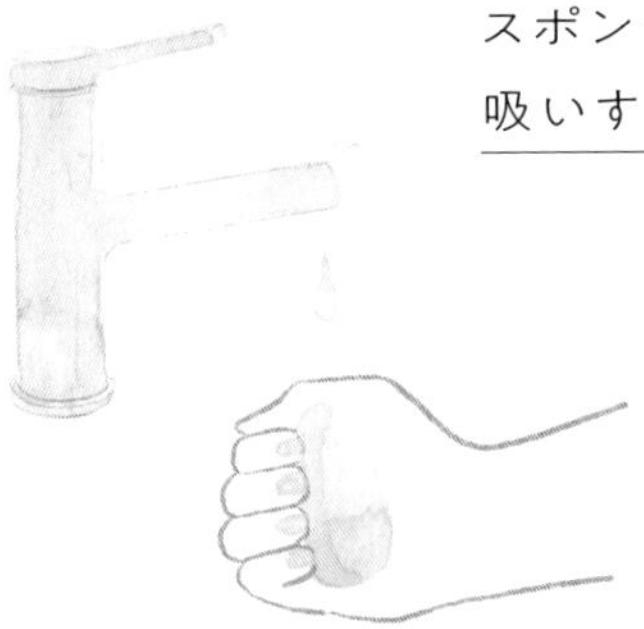

水を吸わせしっかり絞ったら、再度、ティッシュでくるんで絞ります。少し湿ったスポンジはファンデーションを吸いづらくなり、ファンデーションの密着度をより高めてくれる効果も。

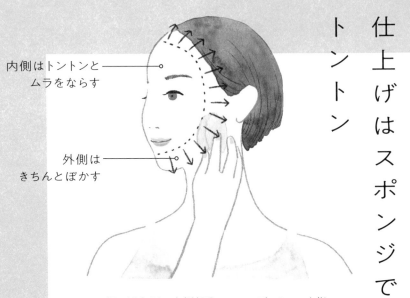

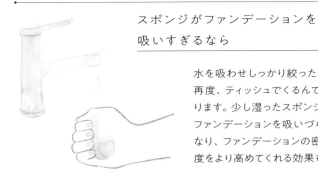

53

コンシーラーの使い方

よりキレイな素肌に見せたいなら使おう

コンシーラーの選び方はP.95へ

ファンデーションの量を減らすことが目的

粗をファンデーションだけで隠そうとすると、どうしても厚塗りになってしまいます。コンシーラーを使うことで、結果的にファンデーションは薄塗りで済み、均一できれいな状態に仕上がります。

ポイントは必要なところだけにのせる。隠したい部分は極力触らず、まわりだけをぼかすこと。この後、パウダー、チークをのせる部分なら、コンシーラーで完璧に隠す必要もありません。

クマ・肝《かん》斑《ぱん》

リキッドタイプで「なじませ塗り」

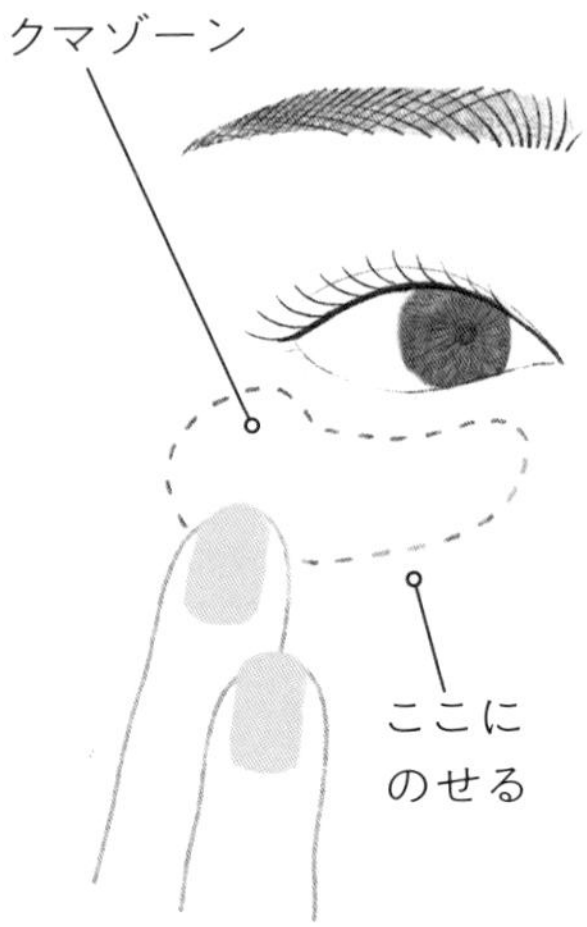

リキッドタイプをチップで直接、または指に取ってから隠したい部分の境界線をまたぐように置きます。指で軽くトントンとなじませて密着させ、最後に境界線をなじませます。どんどん広がっていかないように注意。青グマにはオレンジ系、それ以外はファンデーションと近い色を選んで。

シミ・ニキビ痕

練りタイプで「太陽塗り」

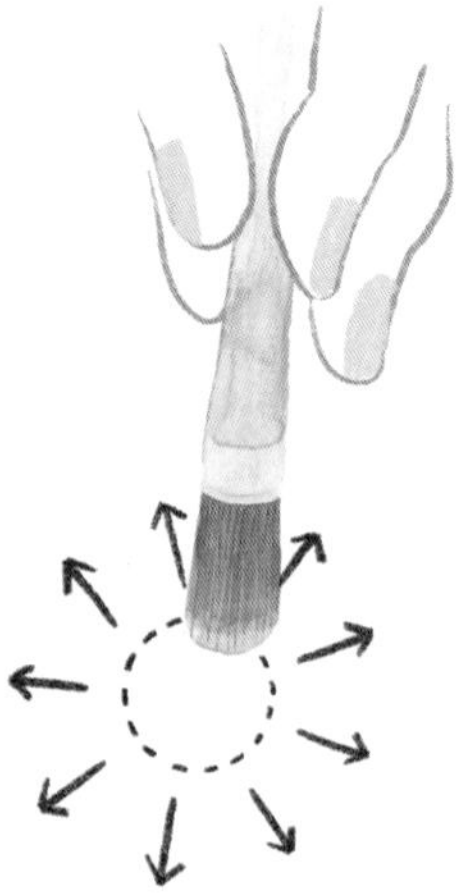

シミやニキビ痕部分を起点に倍の大きさで練りタイプをのせ、その部分に触れないように意識しつつ、輪郭をブラシでなじませます。隠したい部分は指で触れるとコンシーラーが取れ、浮き出てきてしまいます。薄くパウダーを含んだパフで上から優しく押さえてフィックス。

54 フェイスパウダーの使い方

必ずしも使わなくていい

毛穴をぼかす、ベタつきを抑える、ふんわりした質感になる……などパウダーを使うメリットはある一方、くずれが目立ちやすくなる、ファンデーションのツヤ感がなくなるなどの一面があります。

ポイント使いでもよい

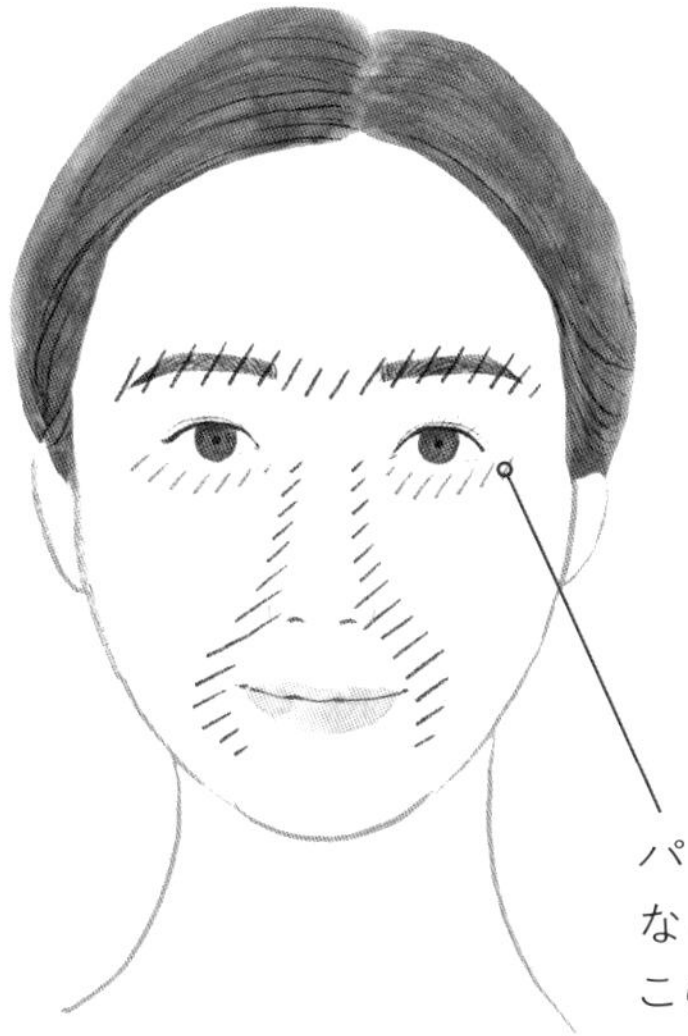
パンダ目に
なる人は
この部分にも

皮脂でテカり（くずれ）やすい部分にだけのせるという手も。メイクの厚塗り感が気になる人、肌がシワっぽく見える人は、まずこの範囲だけに切り替えてみて。

使うなら、パフではなく大きめのブラシで

パフはどうしてもパウダーがつきすぎてしまいがち。大きめのフェイスブラシにパウダーをたっぷり含ませ、手の甲で余分な粉を払い落とし、顔の内から外に向かってなでるようにすべらせると、ふんわり薄いヴェールが叶います。

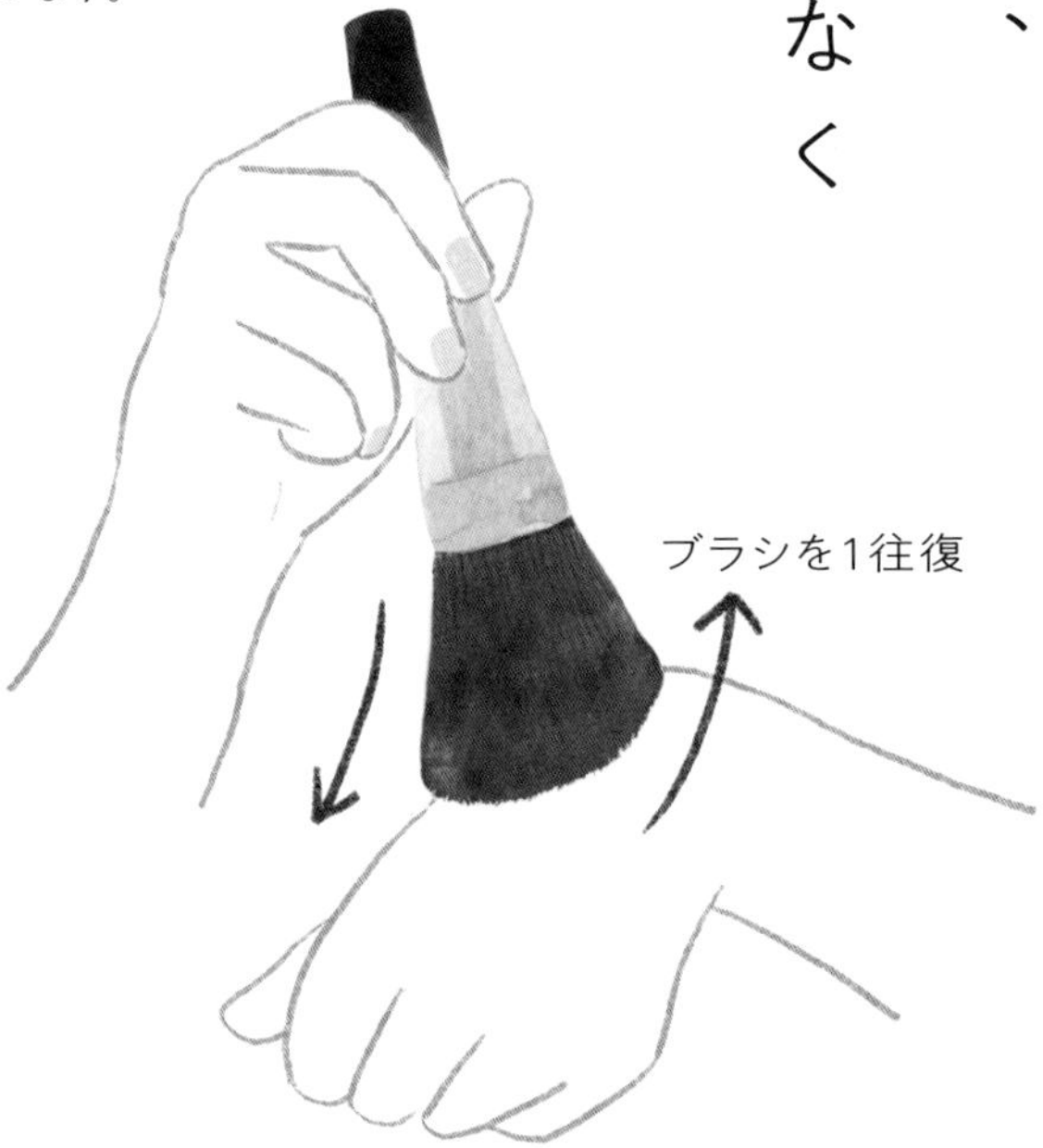

Column 03

「塗った気がしない」と「塗りすぎ」。2大悩みはなぜ起こる？

うまくいかない原因を洗い出そう

「メイク感が出ない」人のほとんどは、下地を塗っていない、使う量が足りていない、ツールや指に色を持っていかれている可能性が高い。

一方、「厚塗り」になりがちな人は、つけすぎ、なじませていない、ぼかしていない場合がほとんど。「メイクをするからには変わらなければ」と各パーツごとに完璧に仕上げようとし、それらが重なることで最終的に「やりすぎ」になっている場合も考えられます。

「朝の楽」をとるか「1日のきれい」をとるか

「ねばならない」はありません

ファンデーションは必ず塗らなくてはいけないものではありません。「トーンアップする日焼け止めを塗るだけでも十分」と考えることだってできます。

でも、せっかく塗るなら、ベースメイクをていねいに。なぜなら、手間をかけた分だけ、きれいな仕上がりを1日キープすることができ、結果的にその後が楽になるから。

どちらの〝楽〟をとってもいいんです。「自分はどうありたいか」に寄り添ってみましょう。

55 ポイントメイクの順番

①眉 → ②リップ

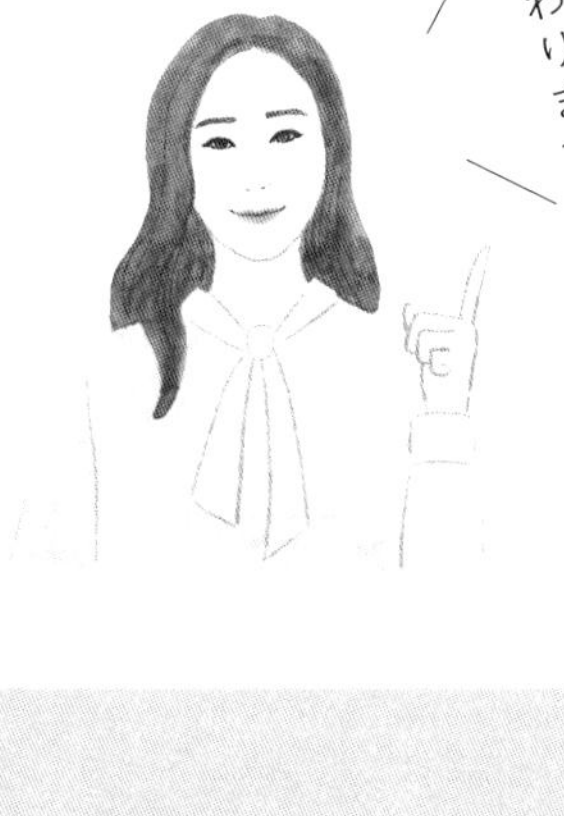

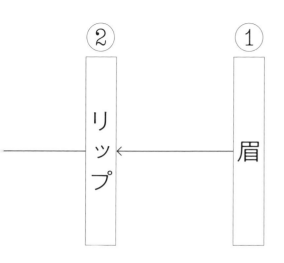

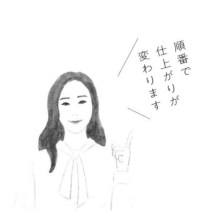

③ アイメイク ← ④ チーク

アイシャドウ ← アイライン ← アイラッシュカーラー ← マスカラ

リップを塗ってから
アイメイク

目元、頬、唇といった「色」をのせるパーツ。顔の上から、つまり目元から仕上げると、ついつい盛りすぎてしまいがち。まず、顔の骨格を整える眉を仕上げたら、次はリップを。唇の色みや質感が決まったら、アイメイク。唇に色がのっているので、まぶたに重ねるアイシャドウの色みや濃さの塩梅が見極めやすくなります。最後はチーク。足りない血色を必要な分だけ補うことができ、色ののせすぎを防げます。

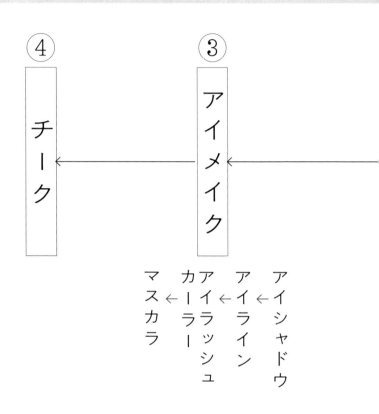

56 眉の考え方

アイブロウアイテムの選び方はP.96へ

生えているように描きましょう

いくら正しい形をしていても、眉頭から眉尻まで同じ濃度でベッタリと描かれた眉は不自然。毛の生えてない部分がある眉、細い眉、薄い眉の人は、特に心に留めておきましょう。

一本一本、田植えをするように

眉は一本一本の毛の集合体ですから、眉メイクは面を塗りつぶす塗り絵ではなく、苗を植えていく田植えのような行為と考えてみましょう。正確な形を描こうとするより、「ここに毛が生えていたらいいな」という部分に、一本一本描き足すイメージが大切です。この感覚をつかむことで、顔から浮かない、自然でフサフサとした毛並み感がある立体的な眉メイクが実現します。

57

毛流れを観察しよう

毛の向きや密度を
把握すると
描きやすくなる

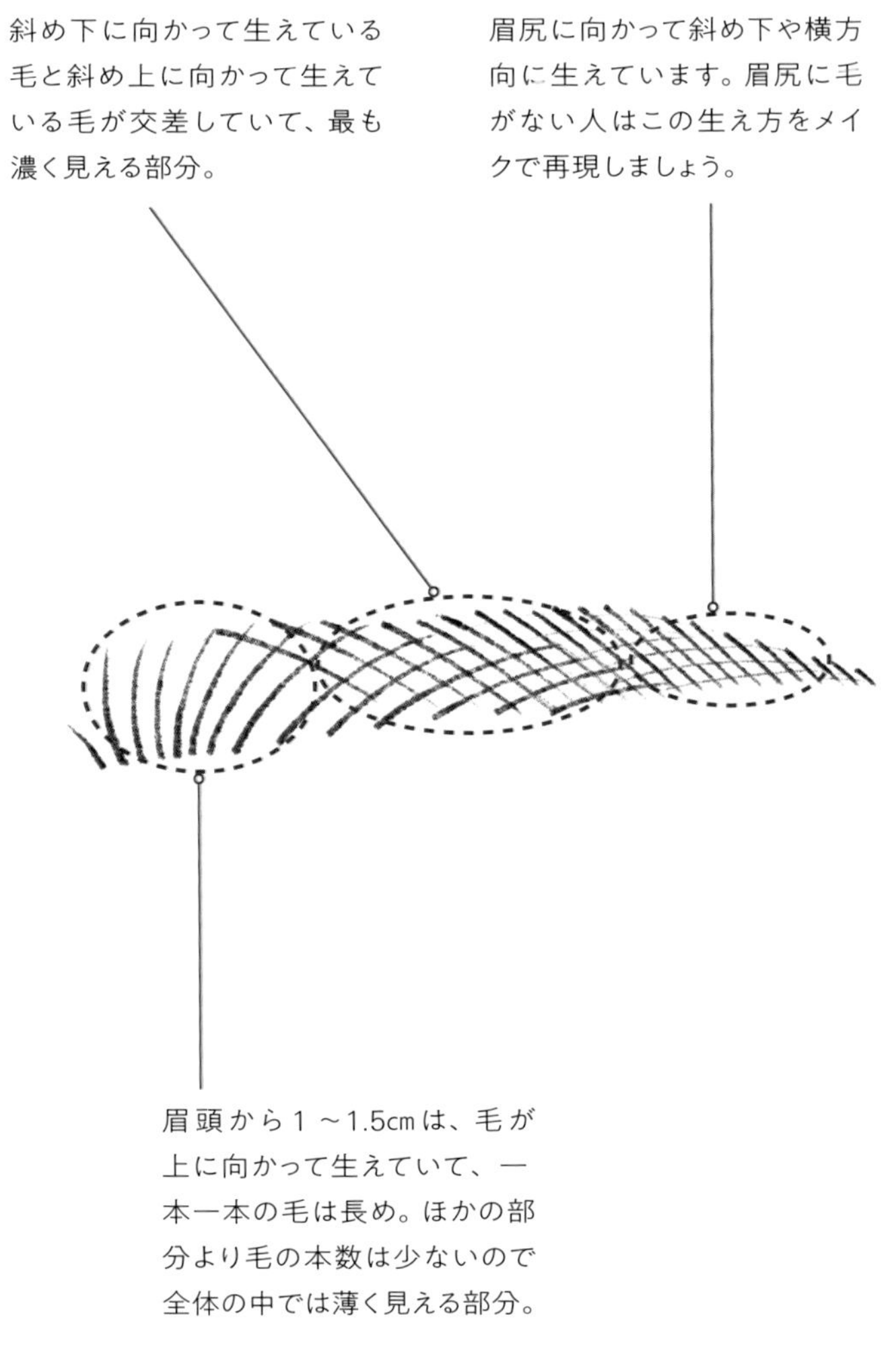
斜め下に向かって生えている毛と斜め上に向かって生えている毛が交差していて、最も濃く見える部分。
眉尻に向かって斜め下や横方向に生えています。眉尻に毛がない人はこの生え方をメイクで再現しましょう。
眉頭から1～1.5cmは、毛が上に向かって生えていて、一本一本の毛は長め。ほかの部分より毛の本数は少ないので全体の中では薄く見える部分。

58

（ほぼ）抜かない、切らない

つまめるくらいの長さがあったほうがいい

眉はふさっとした毛の風合いが感じられたほうが自然。長さがあることで毛流れが生まれ、足りない部分に色をのせるだけで十分な眉に。特に眉頭の毛は短くカットしないこと。

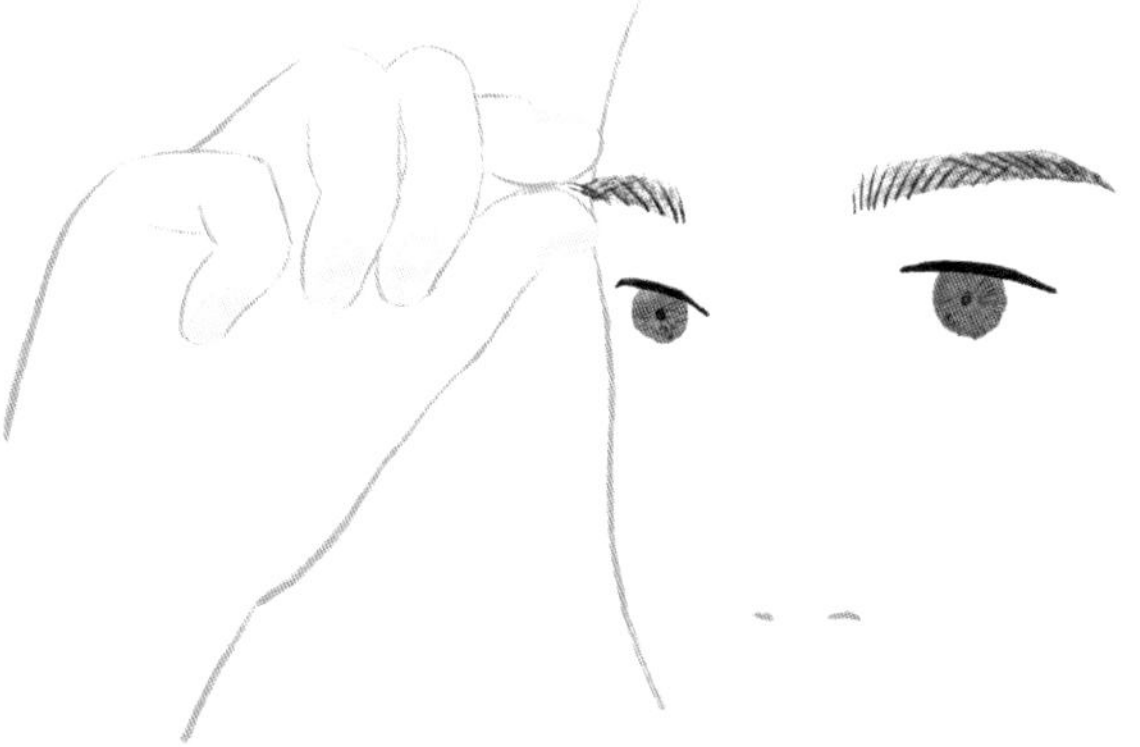

眉にムダ毛はほとんどない

基本的に、骨格や表情筋（眉弓筋）に沿って眉は生えています。地眉の形が今ひとつだと感じる場合、毛自体の太さ、生えグセだけでなく、まばらだったり、毛流れが乱れていることなど原因は多種多様。まずは理想の毛流れ（前ページ参照）通りに、スクリューブラシで眉をとかしてみましょう。毛流れを整える前に抜いたり、切ったりすると結果的に眉の中に穴開き部分ができてしまうことも。

描いてから余分なところだけカット

眉の毛流れを整え、理想の眉を描いてから、その後にカットするかどうかを判断。毛のフサフサ感を描いて表現することは難しいので、毛を生かすことを前提にしましょう。

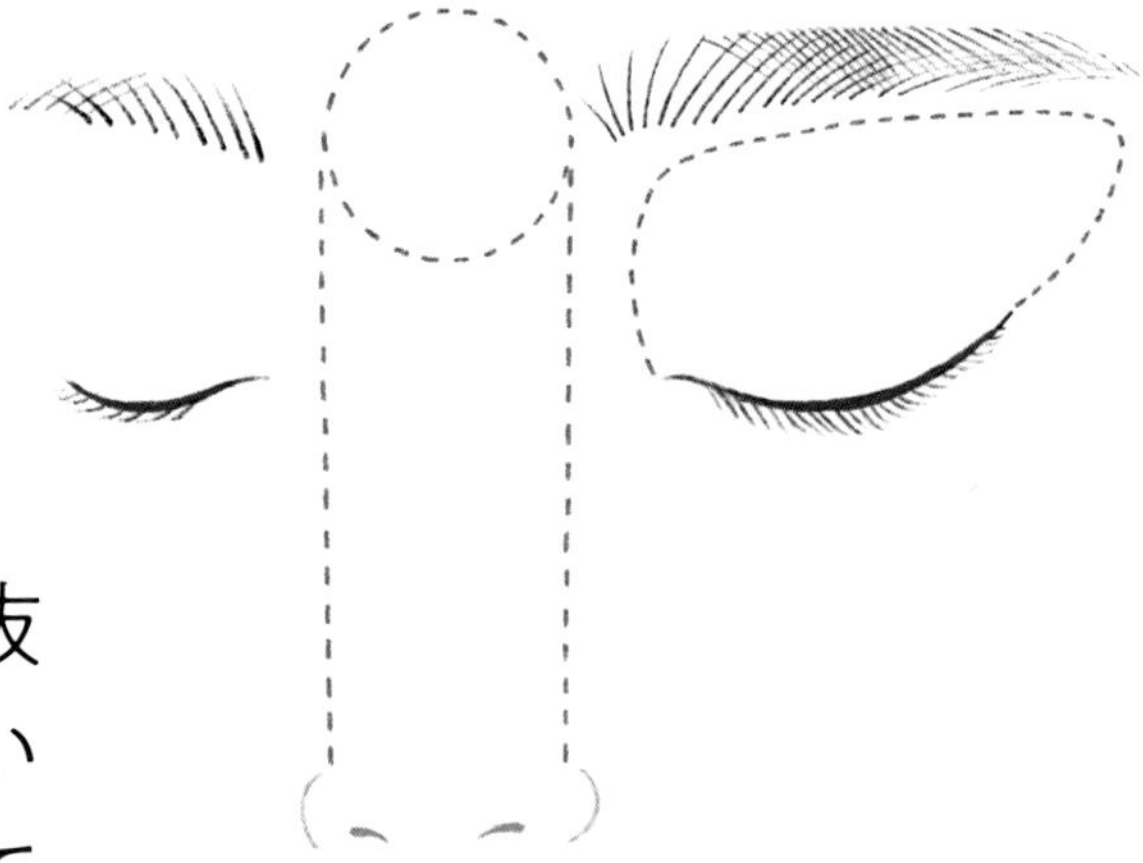

抜いていい毛は意外と少ない

眉間とアイホールより広めの部分に生えている毛だけは、ムダ毛と割り切って抜いてOK。この部分を処理するだけで顔全体の透明感もアップします。それ以外の部分は「抜いたら毛は生えてきづらい」を念頭に、「切る」「剃る」で、様子をみていきましょう。

59

基本的な太さと位置

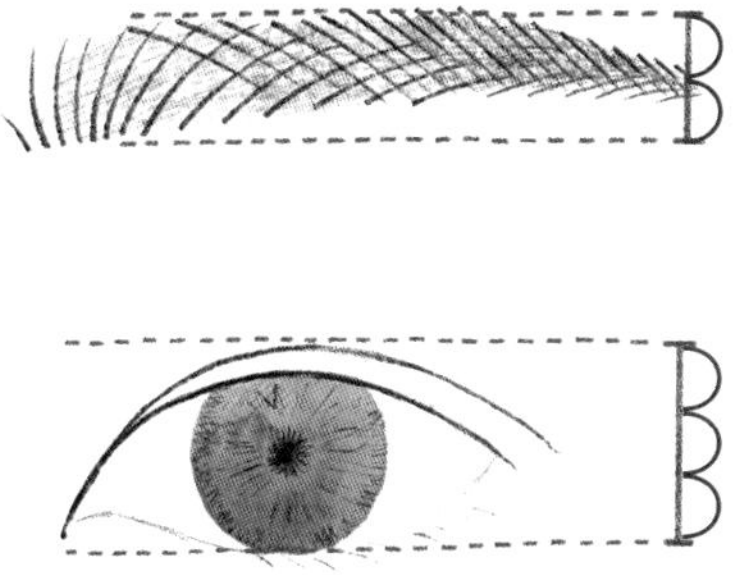

太さは目の縦幅の2/3以上

眉の太さは目の縦幅（一重の場合は目幅、二重の場合は二重幅も含む）の2／3以上に。細すぎるとまぶたが広くなり、老けた印象で、目も小さく見えます。さらに余白が増えるので、顔そのものも大きく見えてしまいます。

位置の目安を確かめよう

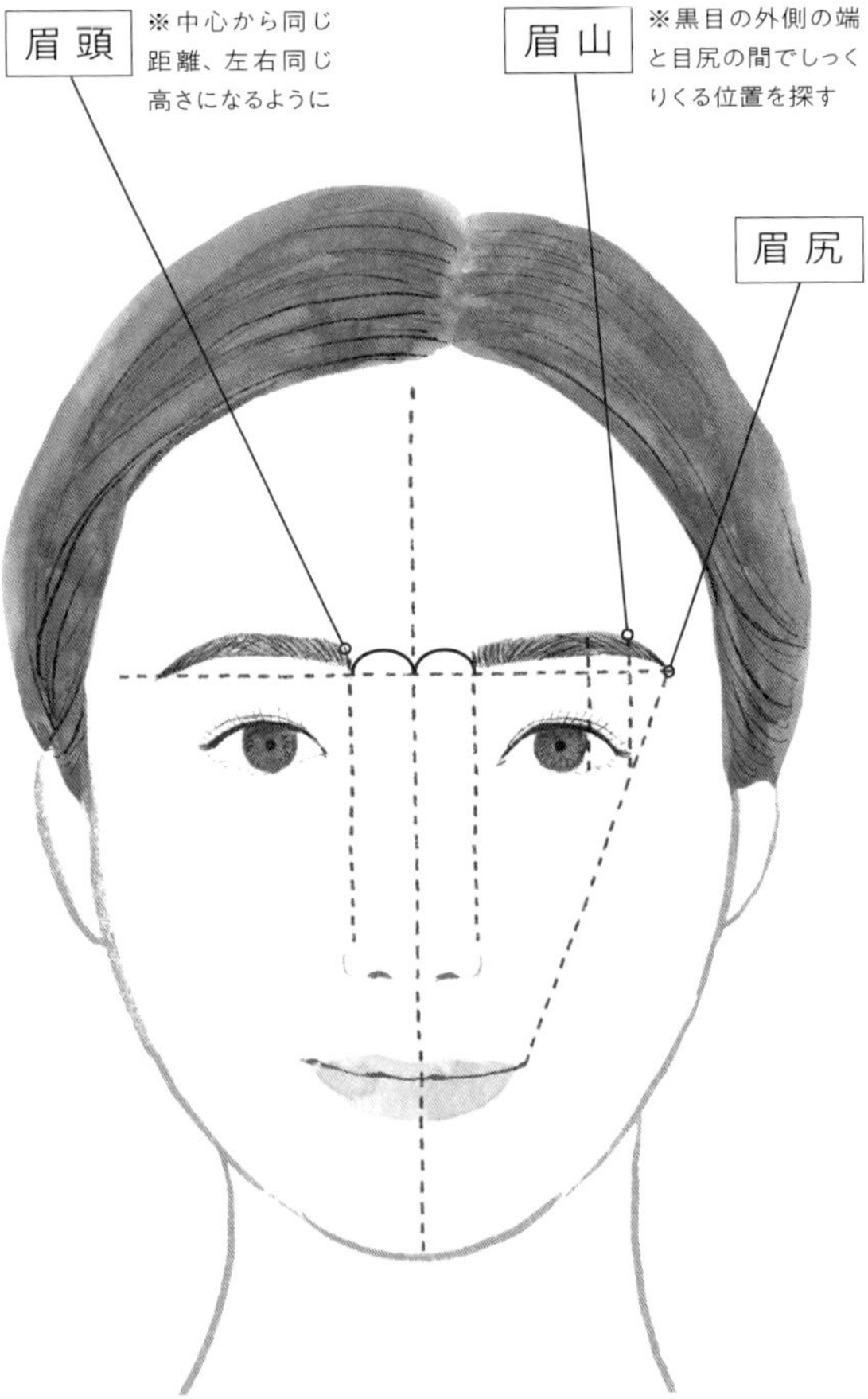
眉頭
※中心から同じ
距離、左右同じ
高さになるように
眉山
※黒目の外側の端
と目尻の間でしっく
りくる位置を探す
眉尻

「眉頭」は小鼻の付け根の延長線上。「眉山」の基本は目尻の真上。しっくりこない場合は少しずつ内側に。黒目の外側の端と目尻の間で設定するとよいでしょう。「眉尻」は口角と目尻をつないだ延長線上のあたりにあると、自然でバランスのよい形の眉になります。

60 眉を描く前に

フェイスパウダーをのせる

少量を大きめのブラシに含ませ、眉全体を触れるようにひとなで。スキンケアやファンデーションの油分が抑えられ描きやすくなり、やわらかに発色します。さらに皮脂により消えやすくなるのを防いでくれる効果も。

↓

スクリューブラシでとかす

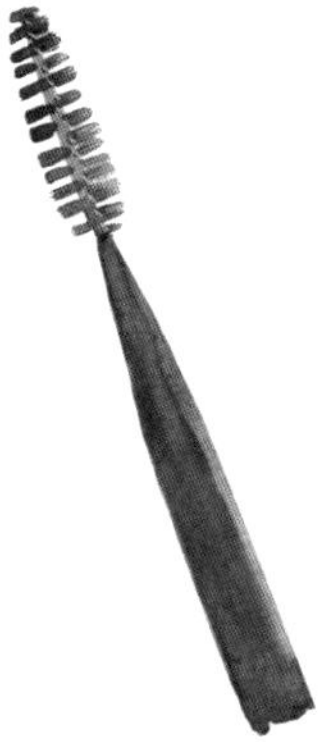

とかして眉についている下地やファンデーションを落とし、次に逆毛を立てるよう眉頭に向かってブラシを動かし、地眉のクセをほぐします。最後に、理想の毛流れ（P.133参照）に整えます。

61 眉を描く体勢

ティッシュをはさみ
手を頬で固定
ペンシルや
ブラシを
短めに持つ
机に肘をつく

ラインがブレてしまって、思うように描けないなら、肘をつき、手のひらの付け根を頬にあてて（ティッシュやパフをはさめばベースメイクが落ちづらい）固定し、コンパスの軸のように安定させましょう。さらに、短めに持つことで思い通りの場所にペン先や筆先を置きやすく、描きやすさが増します。

62

眉の基本的な描き方

パウダーとペンシルのダブル使いが結局、簡単

本物の毛と描いた毛をつなぐ

ブラウンのアイブロウパウダーでだいたいのフォルムを先に描いてしまいます。その上から、毛のない部分に、ペンシルで一本一本毛が生えているようにラインを描いていきます。

ペンシルだけで描くより時短になるうえ、ガイドラインがあるので描き足しも簡単。パウダーとペンシルのダブル使いで仕上げれば奥行きが出て、より自然な印象に。

まずはパウダーでフォルムを決める

アイブロウブラシで柔らかく色をのせていくことで、自然に地眉のシルエットを浮き上がらせることができます。通常は幅の狭いブラシがおすすめですが、カジュアルに仕上げたい時は同じ要領で幅広ブラシを使うだけで、ふんわりとやわらかな眉に仕上げることが可能に。

ペンシルで毛を描く

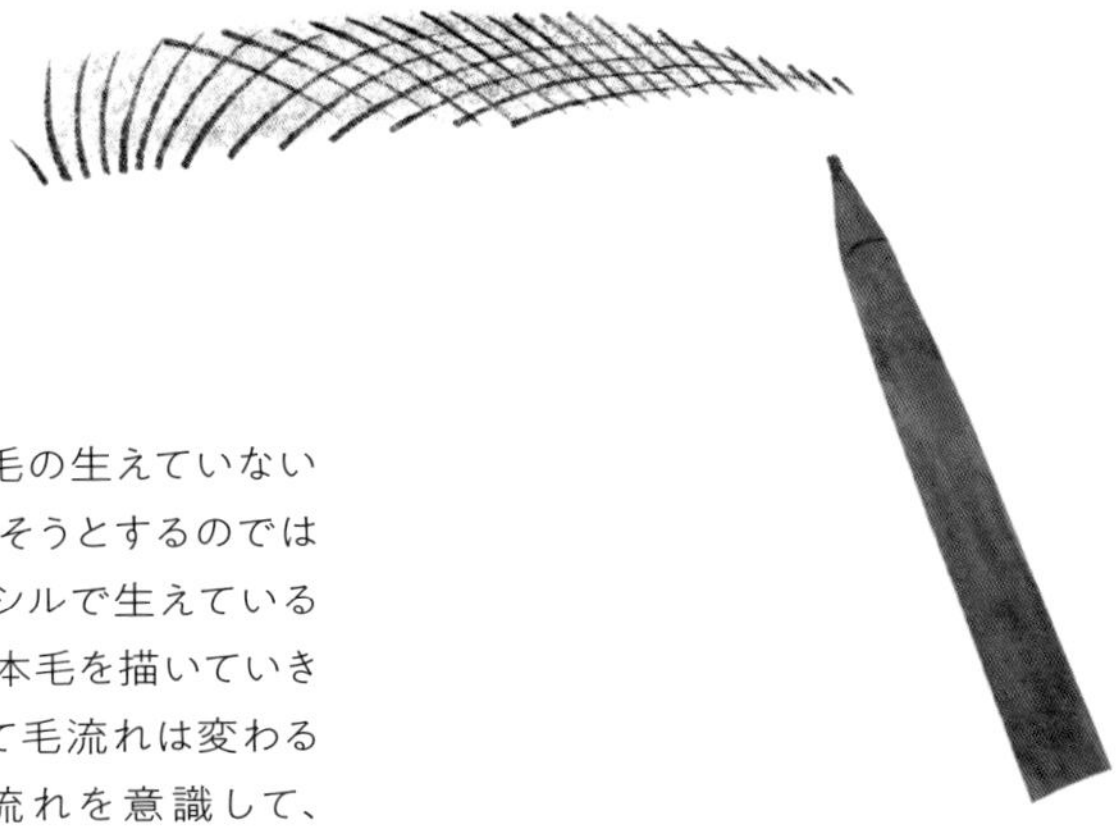

眉尻など、あまり毛の生えていない部分は、塗りつぶそうとするのではなく、極細のペンシルで生えているかのように一本一本毛を描いていきます。場所によって毛流れは変わるので、P.133の毛流れを意識して、ていねいに描き足していきましょう。

63

眉の濃淡のイメージをつかもう

眉頭は淡く
眉尻は濃く

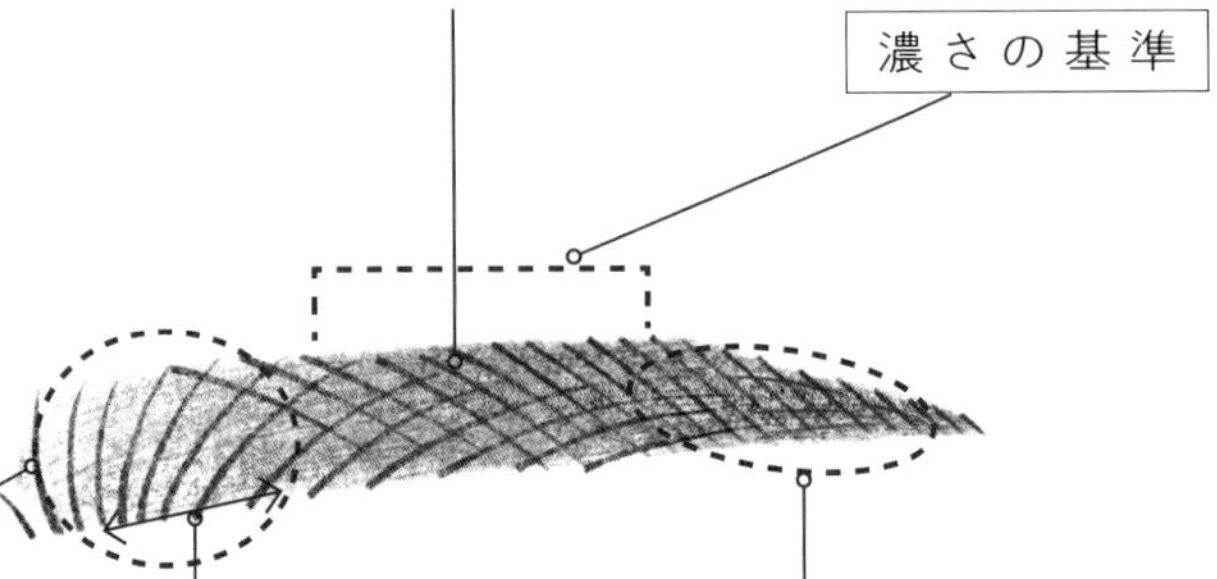
斜め上向きと斜め下向きの毛が交差する密集地帯が最も濃い部分。ここが眉全体の濃さの基準。
濃さの基準
眉頭の1～1.5㎝は隙間をあけながら上に向かってペンシルで毛を数本描き足します。
1～1.5㎝
眉尻がキリッとキマっていると眉全体だけでなく、顔全体も締まって見えます。眉尻が薄かったり、生えていない人はきちんと描くよう意識して。

毛の密集地帯の濃さを基準にする

P.133の図の通り、眉には毛が密集している部分とまばらな部分があります。なので、同じ強さでメイクをしていくと、必然的に密集地帯が濃くなってしまいます。まばらな部分を密集地帯の濃さに寄せていくようにしてみましょう。

ただし、眉頭はきっちりと色をのせようとしないこと。同じ濃さにすると、いかにも「描きました」という〝海苔眉〟になってしまいます。ここだけは少し隙間をあけながら描き足していきましょう。

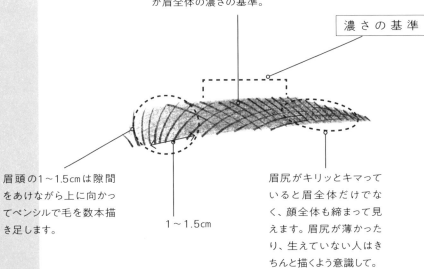

64

下のラインが眉の背骨

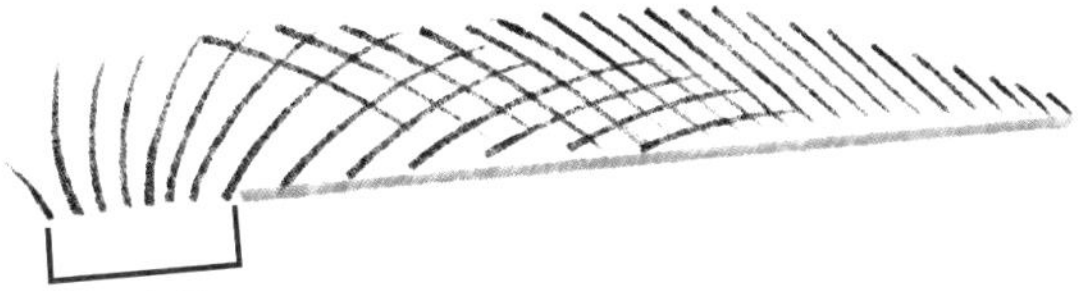

最下部の眉毛の生え際の少し下側をなぞるように意識するといい。慣れないうちはアイシャドウパレットの淡いブラウンでトライ。

眉下のラインがキマれば眉メイク全体がブレない

アイブロウブラシの使い方

ブラシは、ラインを引く時は全体を使い、毛を一本一本描く時は先端を使いましょう。

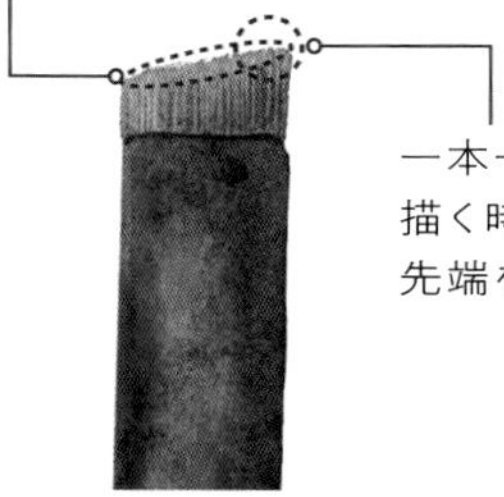
ガイドラインを描く時は全体を使う（長い方を眉頭側、短い方を眉尻側に）
一本一本描く時は先端を使う

ガタつくと
眉全体がぼやける

最初に、眉頭1〜1・5cmをはずした眉尻までの最下部のラインをまっすぐにすれば、眉メイクがピシッとキマりやすい。いわば眉の背骨。眉頭より眉尻が少しだけ高くなるよう、ブラシ全体を使って一気にラインを。ここがガタガタしていると、眉全体がぼんやりとしてしまいます。もし、ガタガタしてしまったら、コンシーラーを綿棒に少し取り、はみ出した部分をまっすぐぬぐうとキレイに修正できます。

65

軽く〝なでる〟意識で

「描こう」とすると
濃くなりすぎる。
できる限り
ソフトタッチで

「眉を描こう」と意識すると、どうしても筆圧が強くなり、クッキリした輪郭、ハッキリした色で、眉全体を一気に描いてしまいがち。「なでる」を意識し、軽いタッチで、何層も重ねて濃度を調整しましょう。

66

毛流れに沿って描く

一本一本を描く意識で

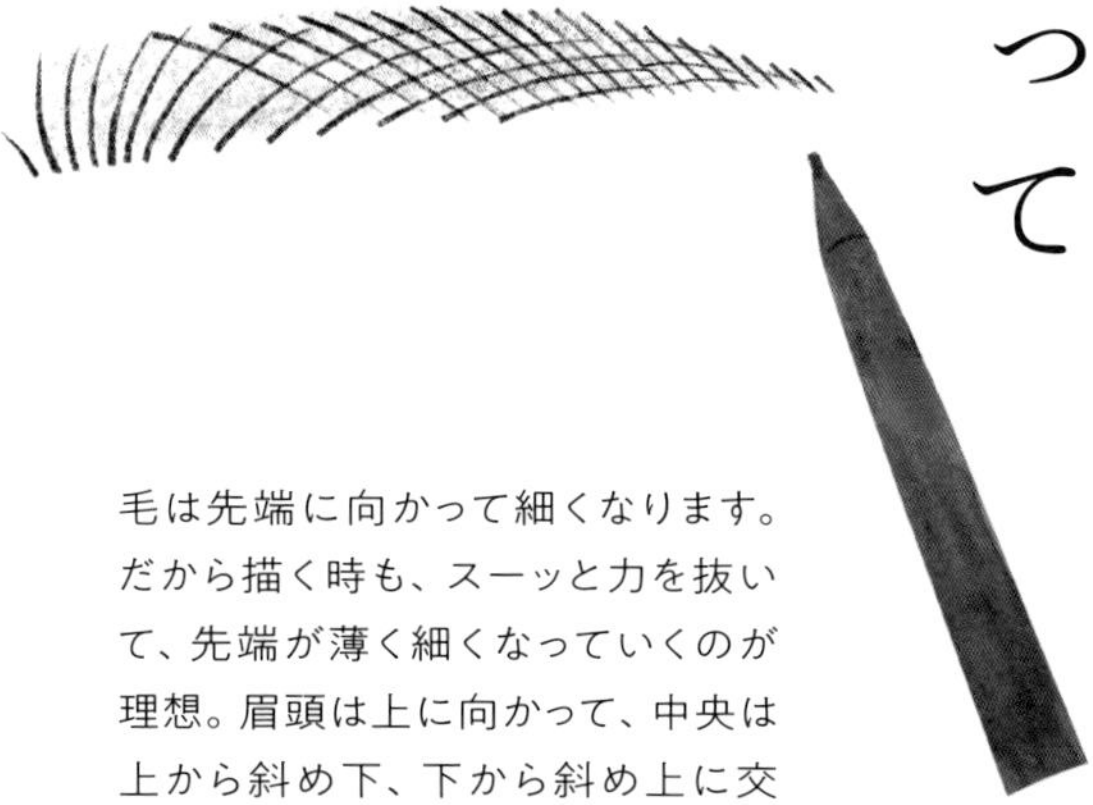

毛は先端に向かって細くなります。だから描く時も、スーッと力を抜いて、先端が薄く細くなっていくのが理想。眉頭は上に向かって、中央は上から斜め下、下から斜め上に交差させて、眉尻は下に向かって段々短くして……理想の毛流れ（P.133参照）を参考に、根元から毛先に向かって一本一本を描くイメージを。

67

眉マスカラの役割

使わないと損。
抜群に顔が
垢抜ける

眉マスカラは描いたブラウンの眉メイクと地眉をなじませてくれる効果があります。「描きました」というわざとらしさがなくなるので、眉を描いたらその後、仕上げとして使うことをおすすめします。黒々しさをやわらげることで顔全体が優しく、よりアイメイクが際立ち、毛流れも整うので、眉の完成度が上がります。

役割は4つ

① 毛流れを整える

理想の毛流れの方向に地眉をとかし、フィックスします。毛がない部分を見極めやすくも。

---

② 立体感を出す

眉は平面ではないので、眉を立ち上げたり、毛のふんわり感を強調することができます。

---

③ 眉色を変える

なりたい眉色に変えたり、描いた眉色と地眉の色をなじませたりすることができます。

---

④ 眉メイクを落ちにくくする

描いた眉をコーティングして、皮脂によりメイクが消えてしまうのを防いでくれる効果も。

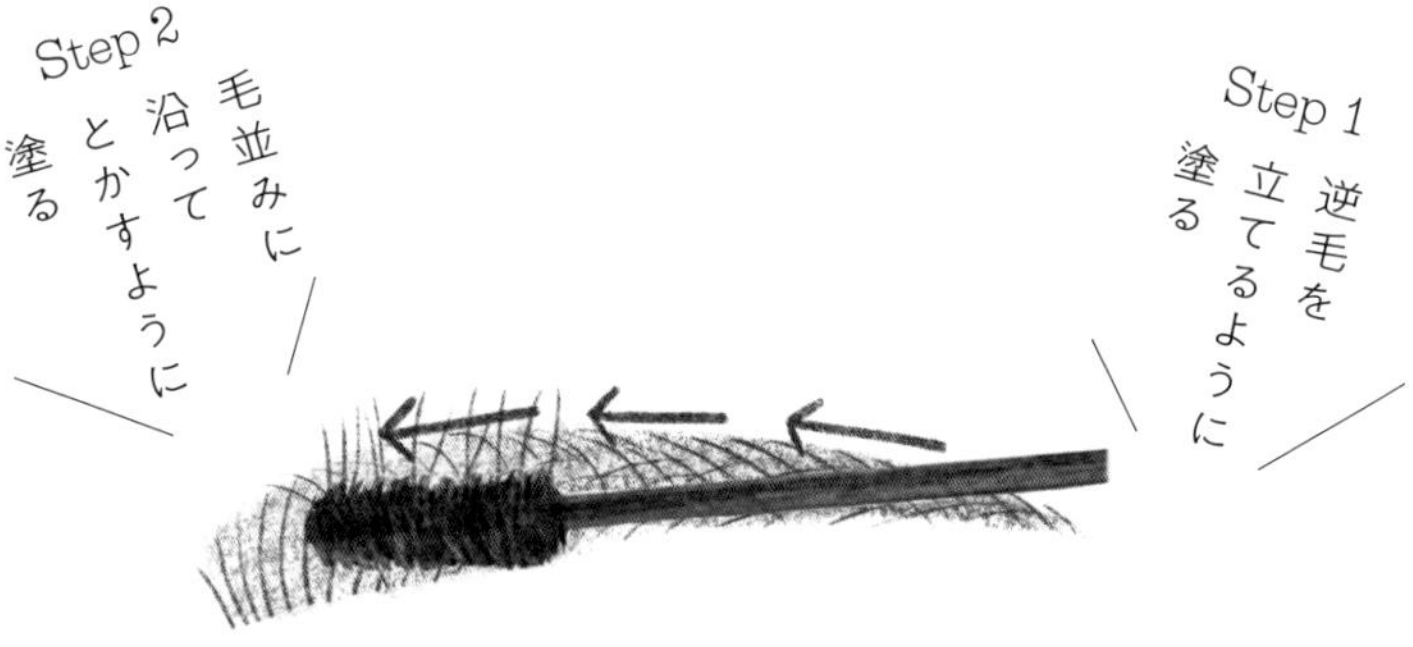
Step 2
毛並みに沿ってとかすように塗る
Step 1
逆毛を立てるように塗る

逆毛を立てるようにして眉毛の裏側まできちんと塗ります。次に理想の毛流れの方向にとかしましょう。360度色をきちんとつけることが大切。

68

眉のお悩み解消法

アーチ眉

濃い

↓

毛流れを整える

眉がしっかりある場合は、透明眉マスカラを使って毛流れを整えればOK。毛がまばらな部分があったら、ペンシルで一本一本描き足し、うめていきます。顔の印象をやわらげたいならブラウンのマスカラを使いましょう。

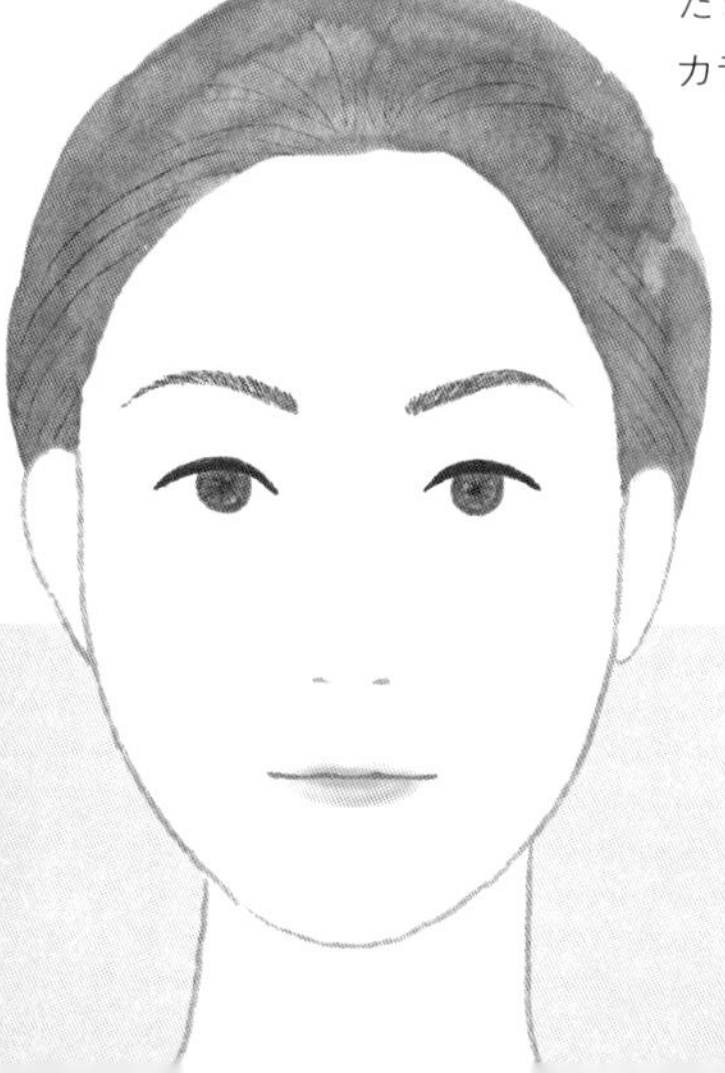

眉山の下を足す

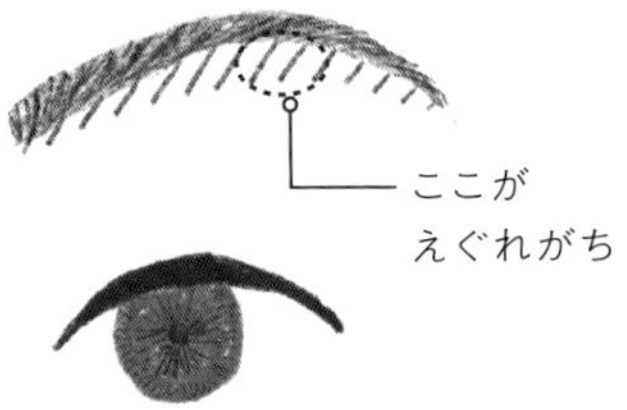

全体の最下部の生え際をうめるようにライトブラウンのパウダーで色をのせます。アーチ眉は眉山の下の部分がえぐれているので、その部分をうめてカーブをなだらかに。その上からペンシルで上に向かって一本一本眉を描き足していきます。まぶたの広さを狭められるので目元の印象も締まります。

眉尻が消えやすい

ウォータープルーフのリキッドを使う

眉は皮脂分泌が多い部分のうえ、毛がない部分にはパウダーが定着しづらく、落ちやすいのが実情。P.138のように眉を描く前にフェイスパウダーをのせ、パウダーとペンシルで描いたら（P.140）、ウォータープルーフのペンシルやリキッドアイブロウを重ねて。

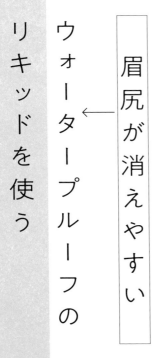

左右差がある

→ 眉頭の位置を揃えてみる

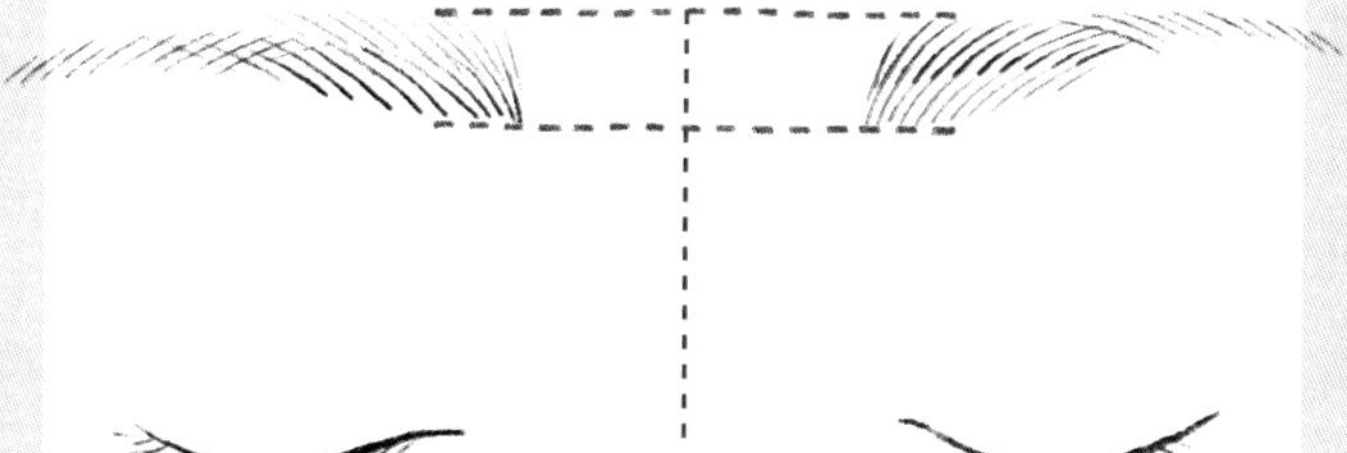

まずは眉頭の高さ、鼻筋との距離を揃えることから。それが調整できたら、次は眉山の高さを揃えてみましょう。利き手や生え方で描きやすさが異なる場合は、得意なほうから描き、それを手本に反対の眉を描きましょう。

69 眉の仕上がりをチェック

手で影をつくり、顔を上下左右にふって確認

正面だけでなく、いろいろな角度からチェックする習慣を。光で眉の輪郭が見えづらいことがあるので、手で光をさえぎってみると、塗り足りない部分がわかりやすくなります。また、いろいろな表情をし、きちんと眉が動くか（＝表情筋にきちんとのっているか）も確認しましょう。

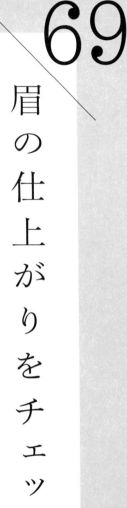

70

眉がメイクの8割

顔印象を激変させる力がある眉

自分に一番似合う眉を見つけよう

理想的な眉は、目を大きく、パーツの配置バランスを整えて見せてくれる効果があります。ベースメイクの後、眉を最初に仕上げることで、顔の配置バランスが整い、その後のパーツメイクもグンとやりやすさがアップします。

一番似合う眉をまずひとつ自分のものにしましょう。そこから長さ、太さ、濃さ、色などを微妙に変えるだけで顔立ちの印象を簡単に変えられるようになります。

眉山をつくると小顔に見える

左右の眉山までが顔の正面、その外側は横顔に見えるので、眉山がはっきりすることで立体感が強調され、小顔効果が期待できます。眉山を1㎜ずつずらしてみることで、どれくらい顔印象が変わるかチェックしてみるのもよいでしょう。

加齢とともに地眉はどんどん変化する

毛がまばらになり、フォルムが細くなり、下がり眉になる人も。まぶたも下垂し間延びしてくるので、加齢とともに眉の下側を埋めるようにしながら徐々に太くすることを意識してみましょう。それだけで目元、フェイスラインも引き締まり、若々しい印象にリフレッシュできます。

眉トレンドに惑わされないこと

細眉、太眉、下がり眉、平行眉……眉トレンドはうつろいますが、自分の顔立ちに合う眉は限られるので翻弄されずにいることも大切。トライする際は、毛を抜かずにチャレンジできる眉から試してみましょう。

眉を変えたらその顔に見慣れよう

小さな変化でも眉は顔立ちを激変させてしまうので、「見慣れない＝似合わない」と思い込んでしまいがちです。眉を変えたら、まずはその顔に見慣れる、をワンセットにしてみましょう。思い込みが自信のなさとなり、正解から遠ざかってしまうこともあります。

71

リップメイクの考え方

唇の輪郭の
とり方ひとつで
印象が優しくなったり
キリッとしたり

リップの選び方はP.98へ

「色」と同じくらい「フォルム」が大切

唇の輪郭をふっくらとって丸みをもたせると優しい印象に。反対に、輪郭をやや直線的にシャープに描くとキリッとした印象に。どんな色、質感のリップを塗るかはもちろん重要ですが、リップラインでも印象を操作することができます。

年齢を重ねると輪郭がぼやけ、口角も下がってきます。カジュアルな直塗りだけでなく、理想に近づけるようきちんと輪郭をとることも意識するといいでしょう。

72 リップメイクの準備

下地としてリップクリームを

皮脂腺がなく乾燥しやすい唇は、「乾いた時」ではなく「乾く前」にリップクリームを塗りましょう。ツヤが出すぎないタイプを下地として仕込むと、縦ジワをならしてくれてリップメイクの仕上がりや持ちがアップ。

マッサージで血行促進

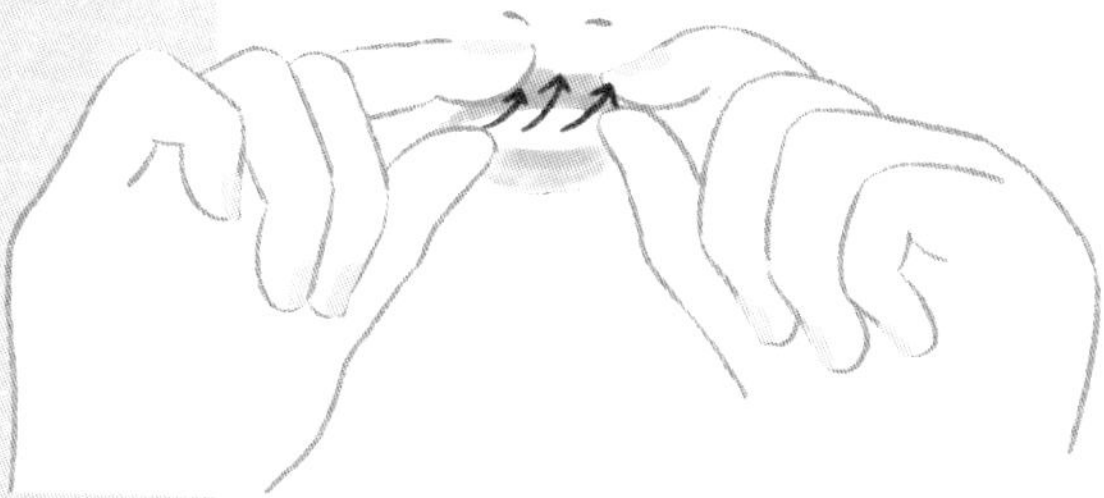

唇全体にリップクリームを塗った後、上唇を両手の指でめくり上げ、左右の親指を内側から外側へ交互にスライドさせてもみます。血行がよくなり、赤みがさし、くすみを払いながら、ボリュームアップ効果も。下唇も同様に行ってください。

73 リップの塗り方

唇の外側をファンデーションで囲んでみる

唇の外側にファンデーションを塗り、輪郭をぼかした後にリップを塗ることで、なりたい唇の形をつくることができます。新たにはつけ足さず、ベースメイク時に使用したスポンジについている分を押さえるようにして塗るだけで十分です。

直塗りだとカジュアルに。ブラシで塗るときちんと見える

同じ口紅を塗ったとしても塗り方で印象は変わります。直塗りだとカジュアルに見えますが、ブラシを使うとラインがブレず、色が均一で、さらに発色のよさが際立ちます。気分やシーンで使い分けてみましょう。

唇を厚く見せたいならば輪郭に丸みを出す

柔らか

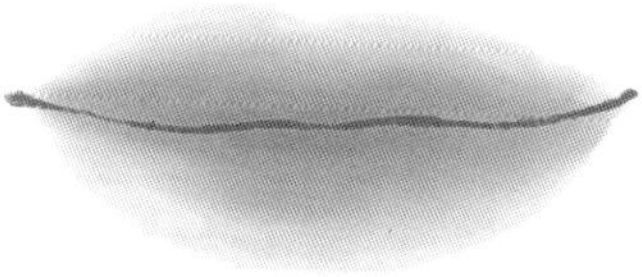

シャープ

上唇の山部分に丸さが出るよう、本来の輪郭より1㎜大きめに仕上げます。山は直線的にせず、丸みのあるフォルムに。下唇は、左右の口角から中央に向かって自然な丸みが出るようにラインを。シャープに仕上げたい場合は、口角から上唇は山まで、まっすぐなラインを描き、山もくっきりと仕上げます。

コンシーラーブラシを使う

リップブラシはラインをとるには向いていますが、実は全体を塗るには幅が狭すぎ。塗りムラやブラシの筋が残りがちに。リップブラシより幅があるコンシーラーブラシ（P.107）なら、簡単にムラなく唇全体に色をのせることができます。

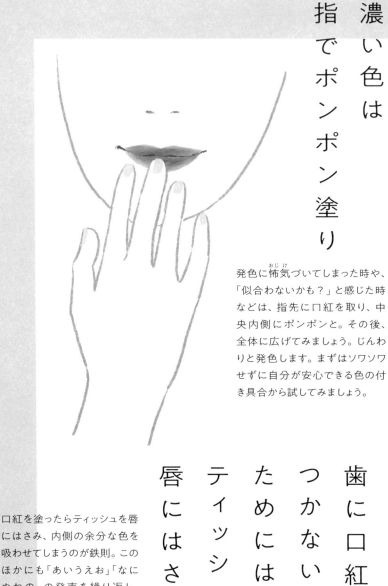

濃い色は指でポンポン塗り

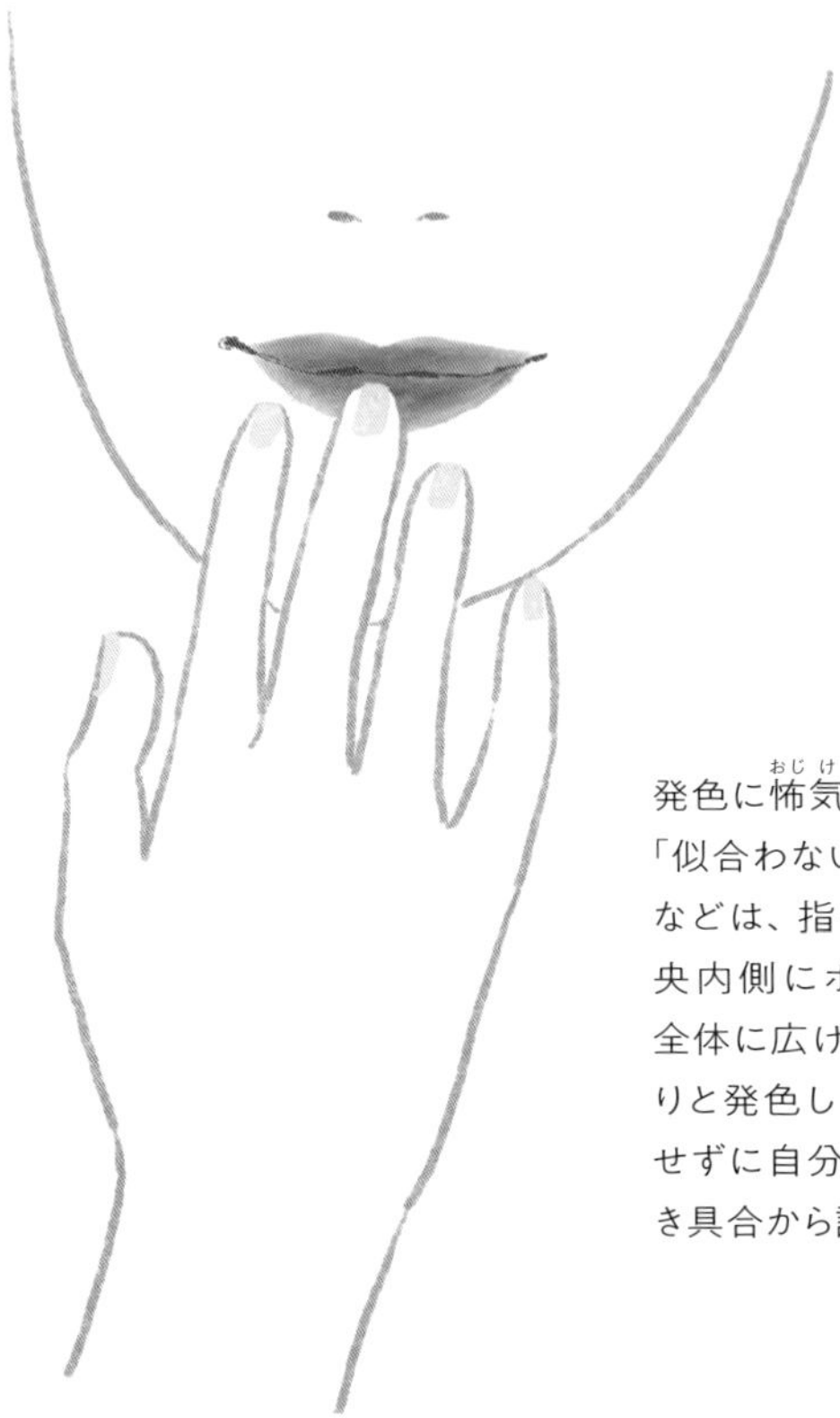

発色に怖気《おじけ》づいてしまった時や、「似合わないかも？」と感じた時などは、指先に口紅を取り、中央内側にポンポンと。その後、全体に広げてみましょう。じんわりと発色します。まずはソワソワせずに自分が安心できる色の付き具合から試してみましょう。

歯に口紅がつかないためにはティッシュを唇にはさむ

口紅を塗ったらティッシュを唇にはさみ、内側の余分な色を吸わせてしまうのが鉄則。このほかにも「あいうえお」「なにぬねの」の発声を繰り返し、その際に歯につく色を先にティッシュでぬぐっておくことで未然に防ぐという手段も。

74

アイシャドウの考え方

目を大きく見せることが目的ではない

アイシャドウの役割は、まぶたの透明感を引き出し、瞳自体をより印象的に見せること。さらに目元を明るく見せたり、瞳に光をとりこみうるませて見える効果もあります。必要以上に目を大きく見せようとしたり、色をのせたりする必要はありません。

くすんだり、細かいシワが入ってしぼんできたり、落ちくぼんで影ができたり……目元はとにかくエイジングサインが出やすいパーツ。メイクの効果が出やすいためにどんどん工程や色みを足してしまいがちですが、かえってくすんで見えたり、目が小さく見えたりすることも。

アイシャドウの
選び方はP.100へ

最低限でいい。むしろ、塗らないほうがいいこともある

アイシャドウをメイクの主役にすると、カラフルな色を使いたくなりますが、それが明るい色であってもくすみの原因になることも。年齢を重ねたまぶたは、グレーがかっていることもあると考え、くすみを払える色や質感を選びましょう。

75

アイシャドウの基本的な塗り方

アイホールにベージュ。その中間までブラウンを重ねる

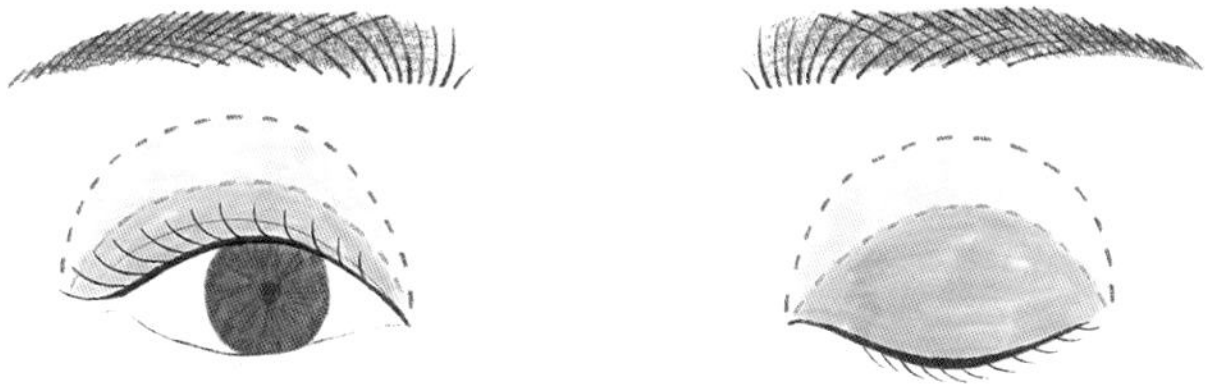

アイシャドウブラシでアイホールにツヤのあるベージュをのせ、目のキワから中間まで淡いブラウンを重ねます。のせる前に手の甲の上でブラシについたシャドウをなじませるとムラづきしません。

「ブラシ塗り」と「指塗り」の違い

「ブラシ塗り」のメリットは、ふんわり色がのって失敗しづらいところ。ムラなく均一につき、ふんわりからしっかりまでコントロールしやすいのでグラデーションもつけやすいのが特徴。一方、「指塗り」は、高発色で密着させやすく、ぼかしやすい。さらに、塗っている時に指の感触で、アイホールの位置がわかりやすいという特徴があります。

一重、奥二重なら、目を開いた状態でブラウンが見えればOK

アイホールにベージュをのせ、次に目を開いた時に、まつげのキワにまぶたがかぶっている場合は、目を開き、正面から見た時に、ブラウンが感じられる範囲に色を入れます。少しずつ広げていって、微調整していきましょう。

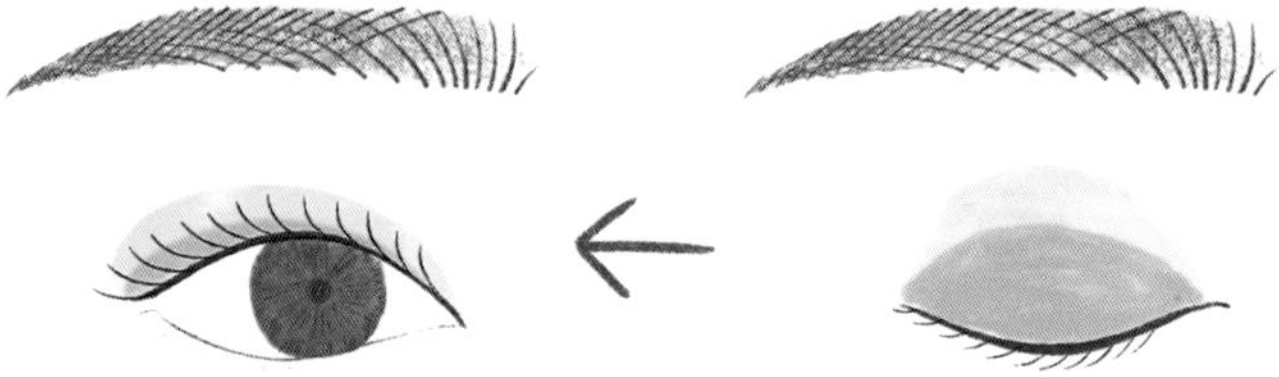

アイホールとは？

目頭と目尻を半円状に囲んだ、眼球がおさまっている骨のくぼみを覆ったまぶた部分をさします。つまり「穴」なので影で暗くなり、くすんで見えやすい。

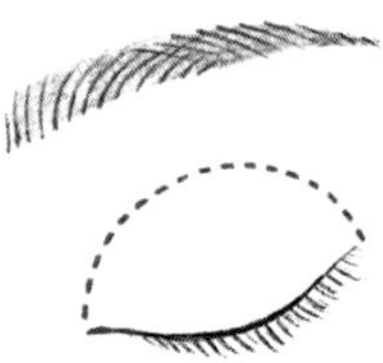

75

アイシャドウの基本的な塗り方

下まぶたはスーッとなでるだけ。バレない程度で十分

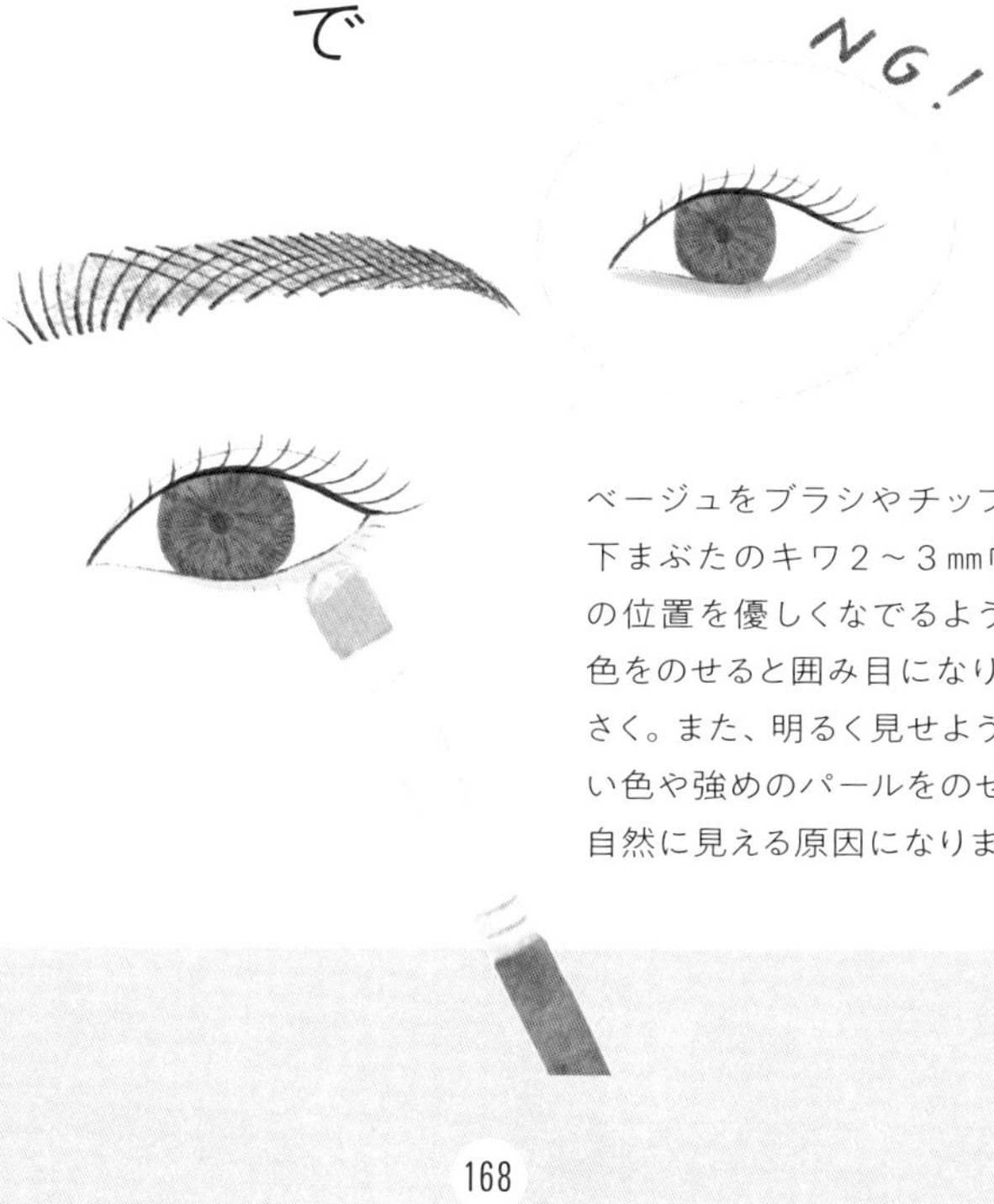

ベージュをブラシやチップに取り、下まぶたのキワ2〜3㎜幅で涙袋の位置を優しくなでるように。濃く色をのせると囲み目になり、目が小さく。また、明るく見せようと白っぽい色や強めのパールをのせても、不自然に見える原因になります。

76

ベージュ・ブラウン系以外の色を楽しむコツ

色が出ない時は、クリームタイプのアイシャドウを先に塗る

ツヤのあるベージュのクリームタイプのアイシャドウを、ベースとして最初にまぶたにぼかしておきます。コンシーラーは、まぶたに使うと厚塗りに見えるのでテクニックが必要です。

色をやわらげたいなら、ベージュに重ねる

発色がいいものや、試してみたいけれどつけこなす自信がない色みは、ベージュをアイホールに仕込んでから重ねて。スーッと肌の色になじみ、浮いた感じがやわらぎます。

77

アイラインの考え方

必ずしも引かなくていい

黒のラインでグルリと上下を囲んでしまうと、逆に目が小ぶりに見えてしまいます。アイラインを太く入れることも同様で、逆効果になる場合も多いのです。「まつげのキワをうめてあげる」くらいと考えれば十分。

アイライナーの選び方はP.102へ

78 アイラインの引き方

はみ出しても、ブレてもＯＫ。きれいな「線」を引こうとしない

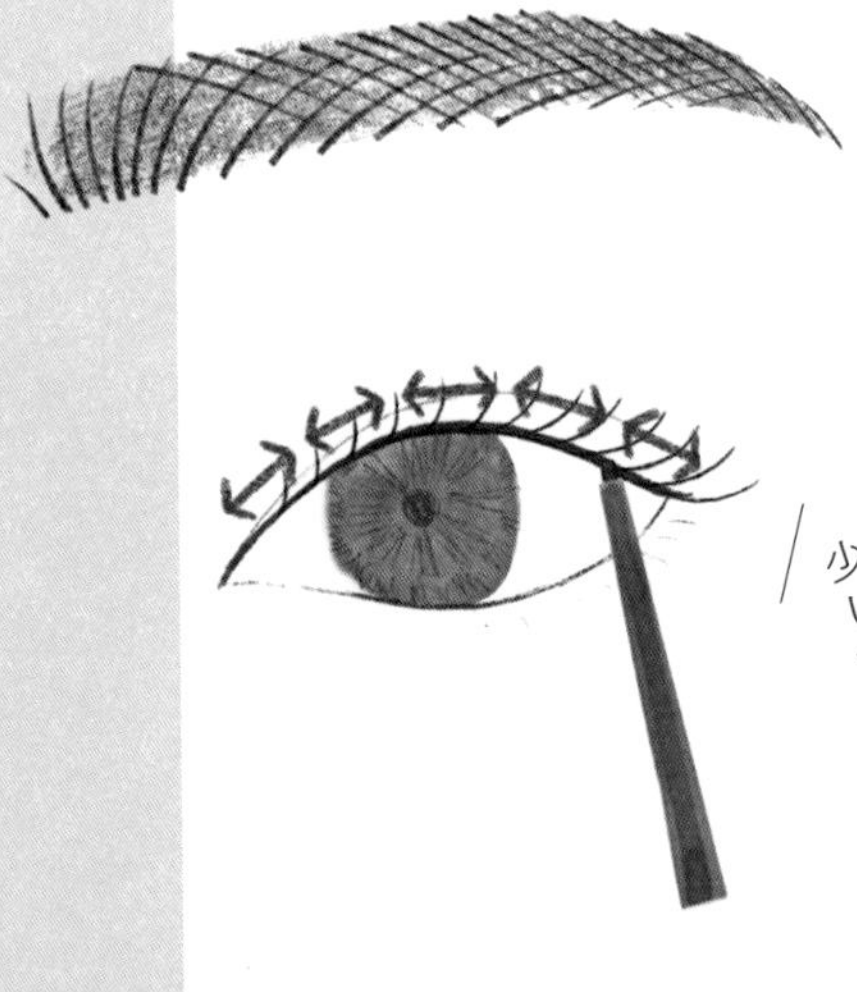

ペンシルの先を小刻みに動かしながら、まつげとまつげの間の生え際をうめていくイメージで。極端な話、点をうつイメージでもいい。きれいな一本線を描く必要はありません。

79

引っ張りながら描かない

目を開けたままアゴを少し上げて描く

「まつげの生え際がしっかり見えるように」と意識し、まぶたを引っ張ってしまうと、指を離した瞬間まぶたが動いてしまい、結果ラインが隠れ、目尻の終点もズレがちに。アイラインは目を開けたままアゴを少し上げて鏡をやや見下ろしながら描きましょう。

80

アイラインの終わらせ方

目尻からはみ出たラインの底辺だけを綿棒でぬぐう

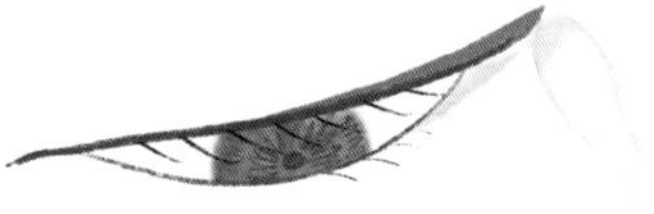

綿棒でスーッとぬぐって、ラインの底辺のガタつきを整えるだけで、ナチュラルな跳ね上げラインがキマります。はみ出しの長さは約５㎜が目安。消えづらい時は、リキッドファンデーションを少しだけ取った綿棒で即席の修正ペンを作りましょう。

81

マスカラの考え方

まつげを上げようとしすぎない。理想は横顔もきれいなJカール

マスカラの選び方はP.103へ

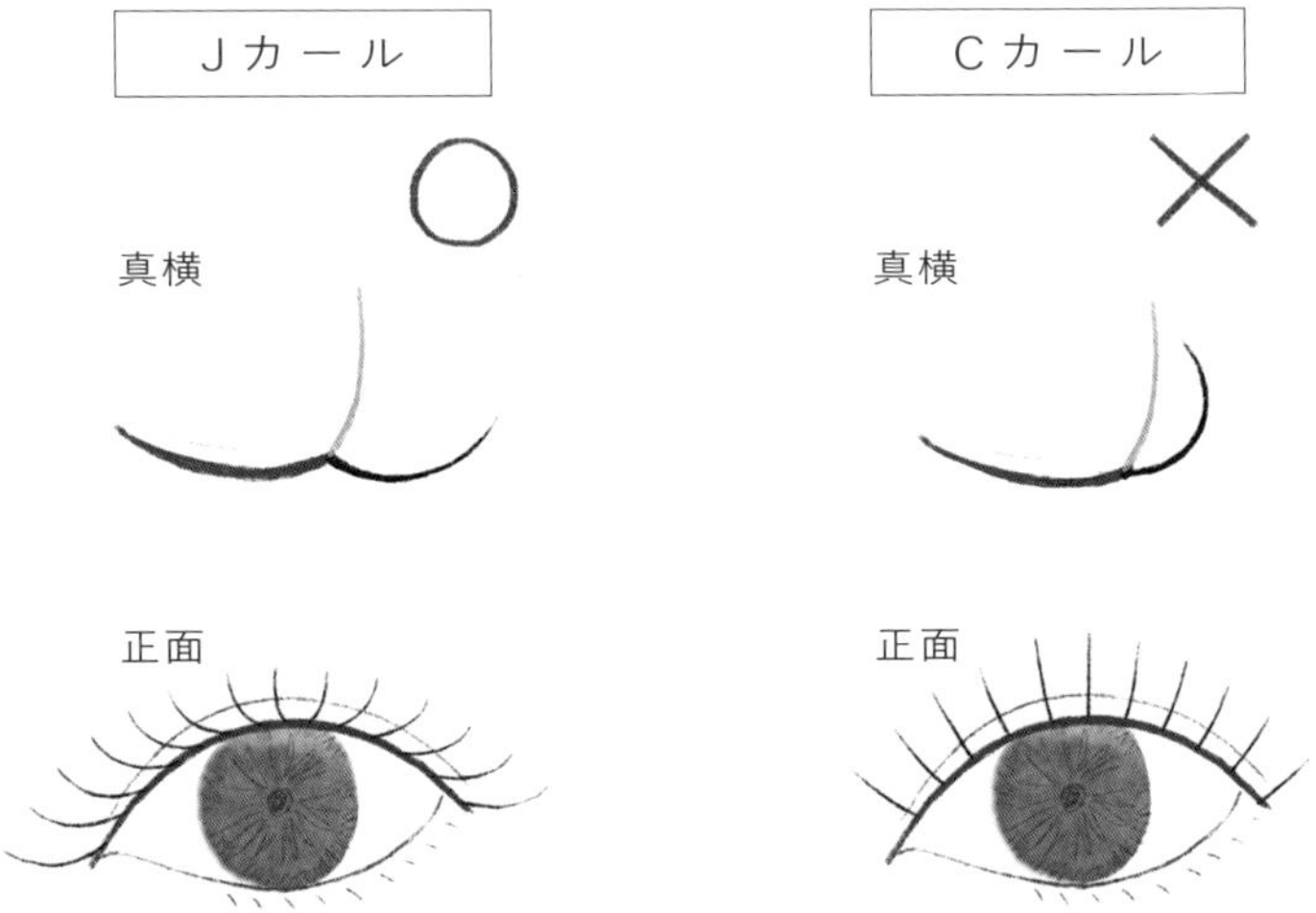

まつげでデカ目になろうとしないこと

横から見ると「C」の形に見える、根元からぐいっと立ち上がりすぎたまつげは、正面から見るとビックリした顔、横から見るとまぶたにまつげが張り付いたかのように。

目指したいのは「J」を寝かせたかのようなカーブを描く、Jカール。正面からだけでなく、横顔から、そして、目を伏せても自然で印象的な目元になります。

82 アイラッシュカーラーのコツ

手首を返しながら小刻みにはさむ

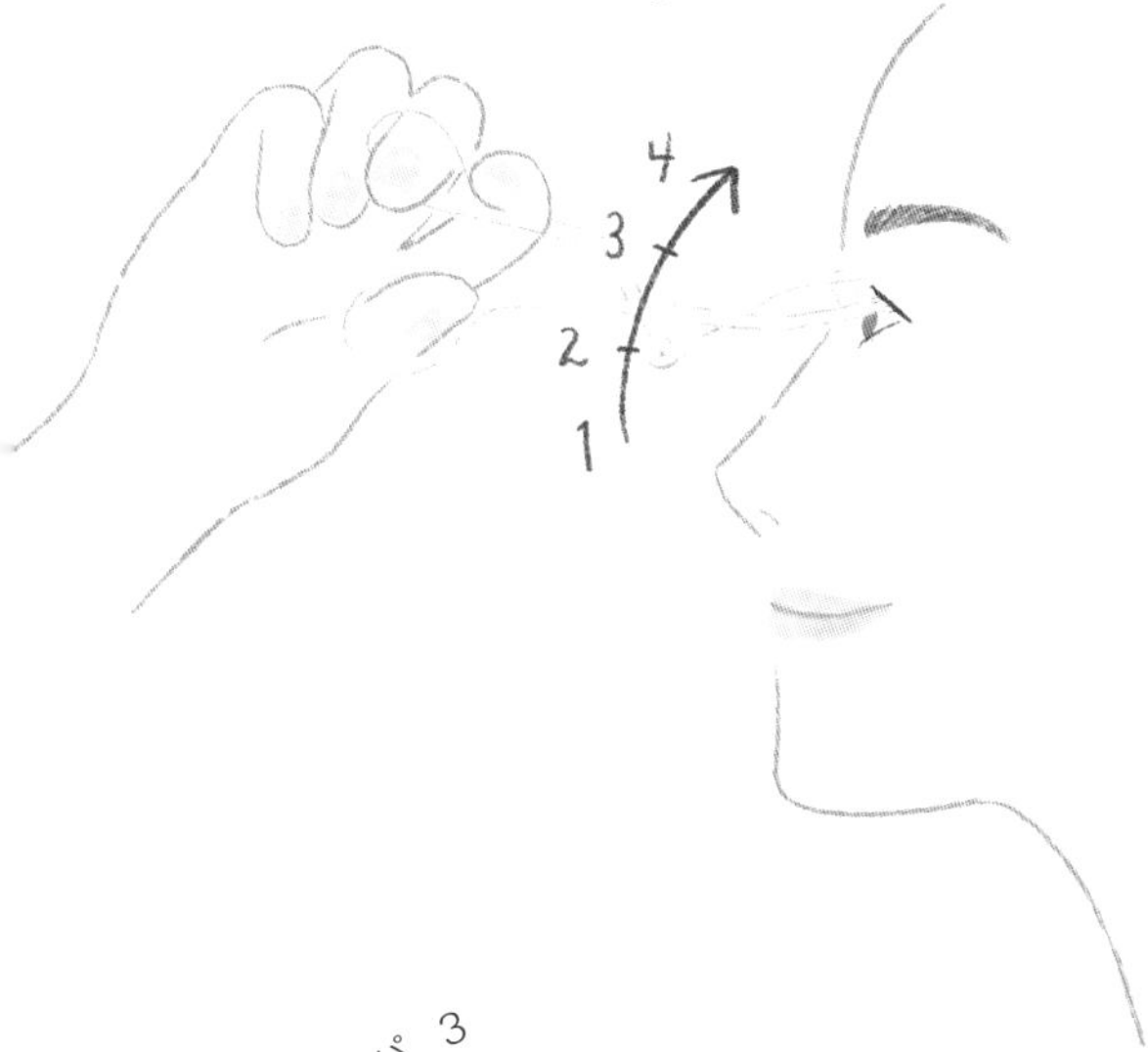

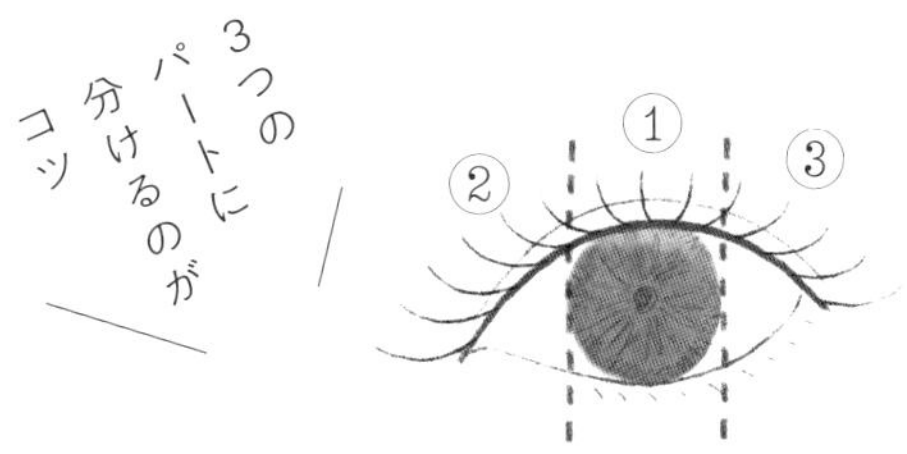

まつげの根元から毛先に向かい、少しずつずらしながら4回軽くはさみます。どんどん肘を上げていくと自然なJカール（P.175）に仕上がります。一気に上げようとせず、3つのパートに分け、①→③の順にすべてのパートで4回ずつはさんでいきましょう。きちんとカールさせると、瞳に光がより多く入るためにうるんで見え、かつ、目がしっかり開いているようにも見えます。

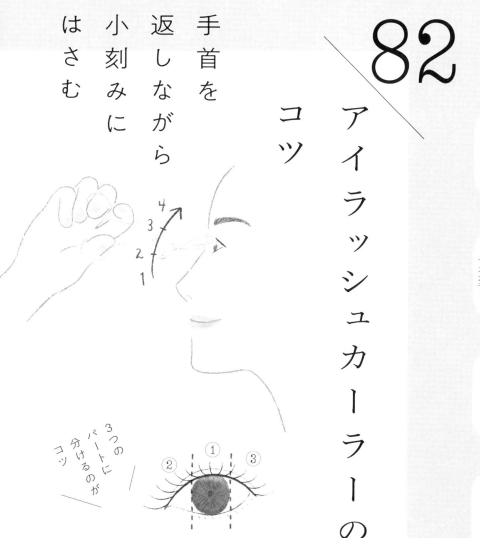

マスカラを塗った後、はさむのは禁止

まつげ同士がくっついたり、仕上がりのまつげがなめらかな曲線にならずカクカクしてしまったり……マスカラが乾ききっていない場合は、ゴムにくっつき、まつげが抜けてしまう原因にも。塗布後に上げたくなったら、ホットビューラーを使うようにしましょう。

ゴムは変形したら即・取り替え

何回も使っているうちにゴムは凹んできます。その状態ではカールがかかりづらくなります。また、亀裂が入ったゴムでまつげをはさむと、抜け毛、切れ毛の原因に。絶対に取り替えて。

苦手ならマスカラを塗った後に指で固定

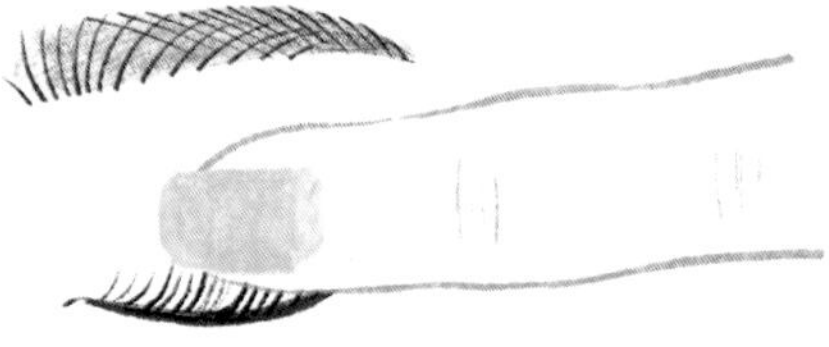

アイラッシュカーラーが苦手な場合は、ホットビューラーを。ほかには、カールアップタイプのマスカラを軽く塗り、液が乾くまで斜め下を向いて薄目を開け、根元をそっと指で持ち上げて固定する方法も。根元ではなく、まつげの中間あたりを押さえると自然なカールに。

83 マスカラの塗り方

塗る前にブラシをしごく

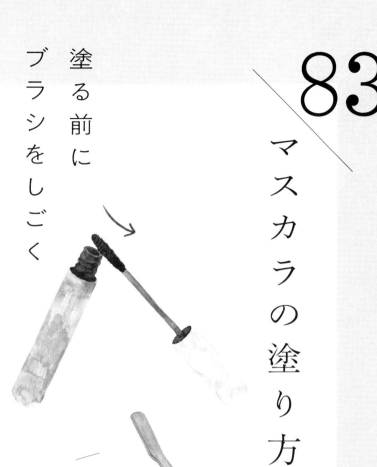

塗った後はコームでとかす

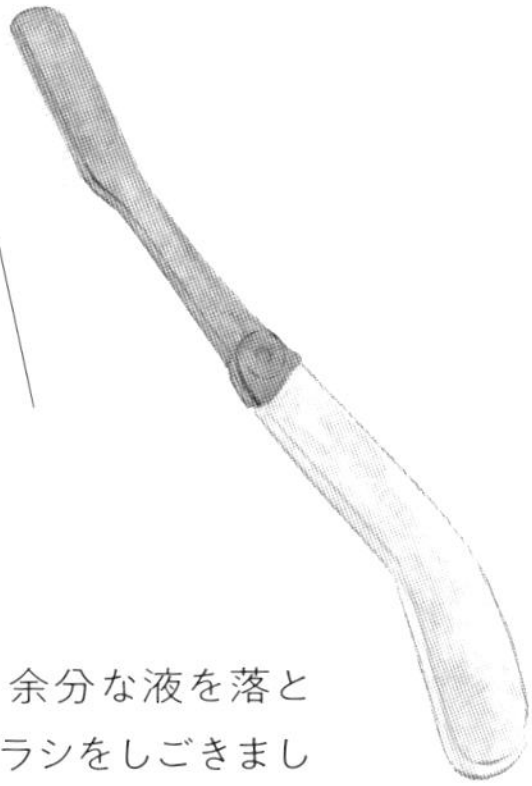

マスカラのブラシを抜いた後、余分な液を落とすため、ボトルの縁を使ってブラシをしごきましょう。ムラになりづらく、まつげがくっつかずに一本一本均一な太さに仕上がりやすくなります。それでも液がボテッとついたり、まつげ同士がくっついてしまうようなら、塗布後、乾く前にまつげ用コームを使ってとかして。

根元にグッと入れ、ジグザグに。そこからスッ

根元側に液がたっぷりつくよう、できるだけまつげの根元にブラシをグッと差し込み、小刻みに揺らしながら根元にしっかり液をつけます。そこから力を抜きながらスッと毛先に向かってブラシをすべらせます。本来のまつげ同様、根元が太く、先端に向かって細くなるように、一本一本を際立たせて。

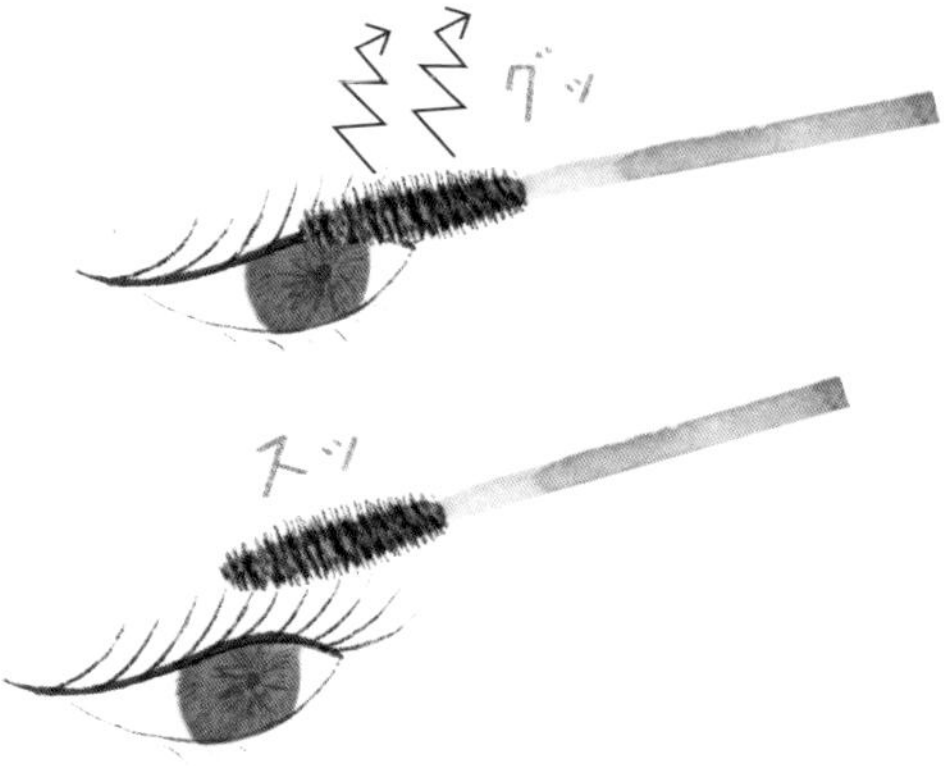

下側だけでなくまつげの上側にも塗る

まつげの下側だけでなく、上側にも塗ります。360度液がつくことで、時間とともに下がってくるまつげのカールのキープ力が高まります。アイラッシュカーラー同様、3パート（P.176参照）に分けて塗ります。

下まつげや細かい毛はブラシを縦にして

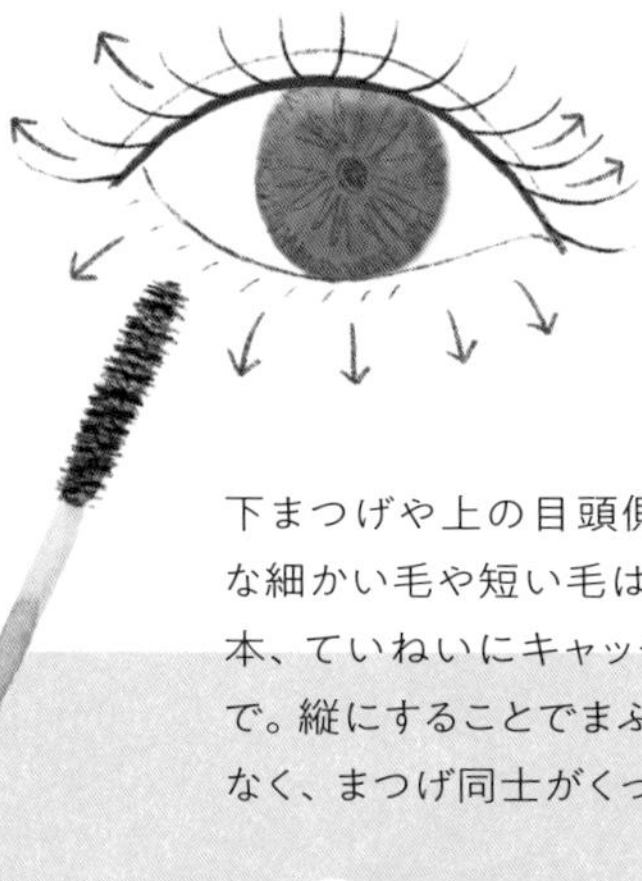

下まつげや上の目頭側や目尻側の産毛のような細かい毛や短い毛は、ブラシを立てて一本一本、ていねいにキャッチ。斜めに引き抜く要領で。縦にすることでまぶたに液がつくことだけでなく、まつげ同士がくっつくのを防げます。

84

パンダ目防止策

ウォータープルーフのマスカラを塗る

まぶたにまつげがついて、皮脂でマスカラがにじみやすい人はウォータープルーフのマスカラを。乾きやすいので手早く塗るようにしましょう。オフはアイメイク用のリムーバーを使うこと。アイラインがにじんでしまう場合はアイライナーもウォータープルーフにチェンジを。

目の下にパウダーをつけてサラサラにする

ファンデーションの油分でマスカラ液の油分がとけてしまうことも。塗る前にアイシャドウブラシで少量のフェイスパウダーを下まぶたにのせておくことで対処が可能です。

透明マスカラを根元から塗った後に、毛先に黒マスカラを

まぶたに触れやすい、まつげの根元から中間までは透明、毛先にだけ黒マスカラを塗ってみても。重ねてもダマにならず、繊維が入っていないタイプのマスカラを選んで。

塗る時についてしまうなら「厚紙はさみ」

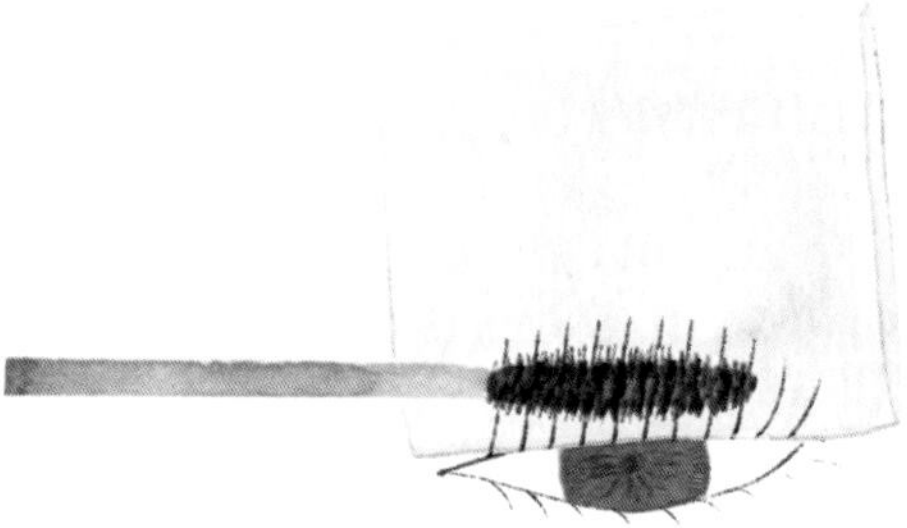

名刺サイズに切った厚紙をまぶたとまつげの間にはさむとマスカラを塗る際にまぶたにつくことはありません。太めのブラシのマスカラを使いたい場合にもおすすめです。

85

チークの考え方

しっかり色をつけようと思わないこと

チークの選び方はP.104へ

チークは最後の帳尻合わせ

血色感のあるチークを肌にとけこませることができたなら、くすみは払われ、健康的な印象が宿ります。逆に言え

ば、リップメイク、アイメイクを塗った段階で顔全体がくすんで見えないようならチークを必ずしも使う必要はありません。

「絶対に使わなくてはいけない」「色を感じさせなくてはいけない」と考えてしまうと、厚化粧の要因に。発色の目安は白い紙にのせた、一枚の淡いピンクの桜の花びら。「白い紙＝肌、花びら＝チーク」と考え、頬の上にそれくらいの色の差が感じられれば十分です。

86 チークの塗り方

笑って、頬が高くなるところにのせるだけでいい

口角を上げて笑顔をつくり、頬が高くなった位置を中心に、ふんわりとブラシでのせていきます。血色感だけでなく、頬の位置をより高く見せ、立体感を自然に強調してくれます。

チークブラシではなく、フェイスブラシを使う

チークブラシは小さめで毛も硬めの場合が多いので、色が濃くなりやすく、塗っていない部分との境界線が出やすい。ふんわりと色がなじむようにのせるために、毛足が柔らかで毛量が多いフェイスブラシを使うと粉をよく含むので失敗知らずに。

塗ったところがはっきり見えないように

チークを入れた部分がはっきりとわかってしまうようなら、色が濃くのりすぎている証拠。ブラシについているチークをティッシュか手の甲の上で1往復させ、余分な粉を払い落としてから、ブラシをすべらせて輪郭部分をとけこませていきましょう。つけすぎてしまったなら、上からフェイスパウダーを含ませたブラシでひとなでするとなじみます。

87

シェーディングとハイライトの考え方

やりたければやる

欲張ると
厚塗りに見える

シェーディング＝影＝シャープに引き締める。ハイライト＝光＝高さを出す。加齢とともに顔はのっぺりと平坦になっていくので、さりげなくメリハリをつけるためにも知っていて損はないテクニックです。ただし、あくまでもメイクのオプション。「せっかくやるからには」と考えると、メイク全体が厚塗りに見えてしまいます。どちらもさりげなさが成功の鍵です。

シェーディング
フェイスラインの調整

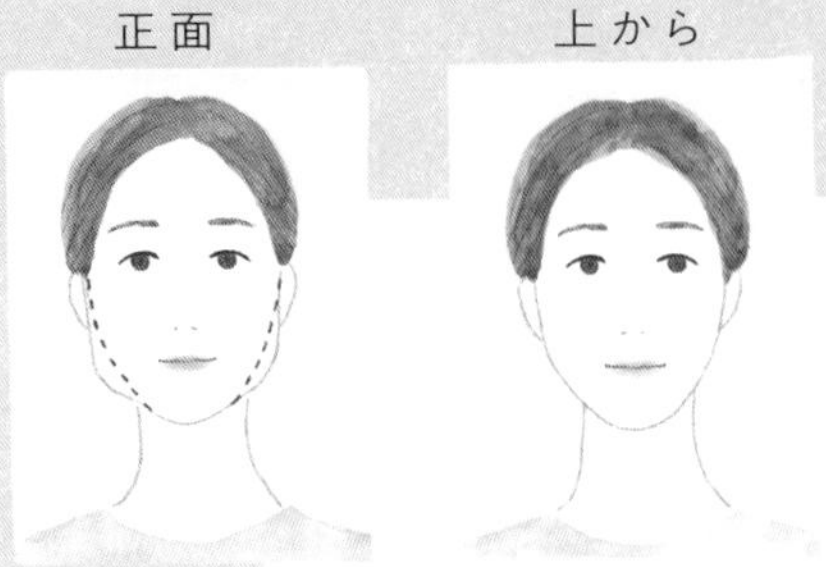

スマホを頭上に上げて見上げて撮影、次に正面から撮影。並べてみると顔の輪郭の変化が確認できます。見上げた時の輪郭があなたの理想のライン。その外側に溢れた部分がシェーディングすべきゾーンです。

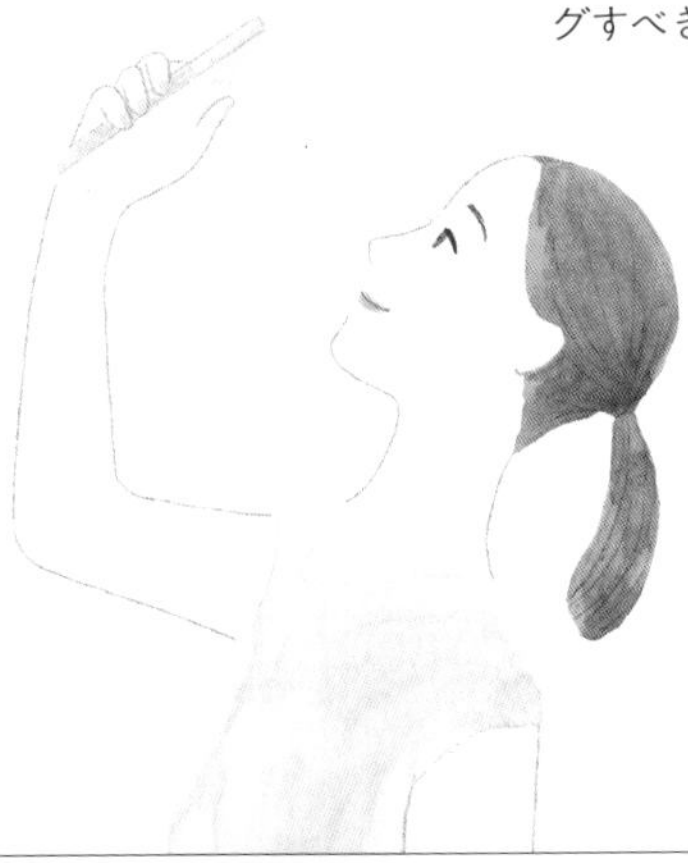

ハイライト
高い位置をより強調

顔を明るくしようと、のせる部分を広くしすぎると、顔が膨張して見えます。◯で囲んだエリアはハイライトOK、✕のエリアは避けましょう。

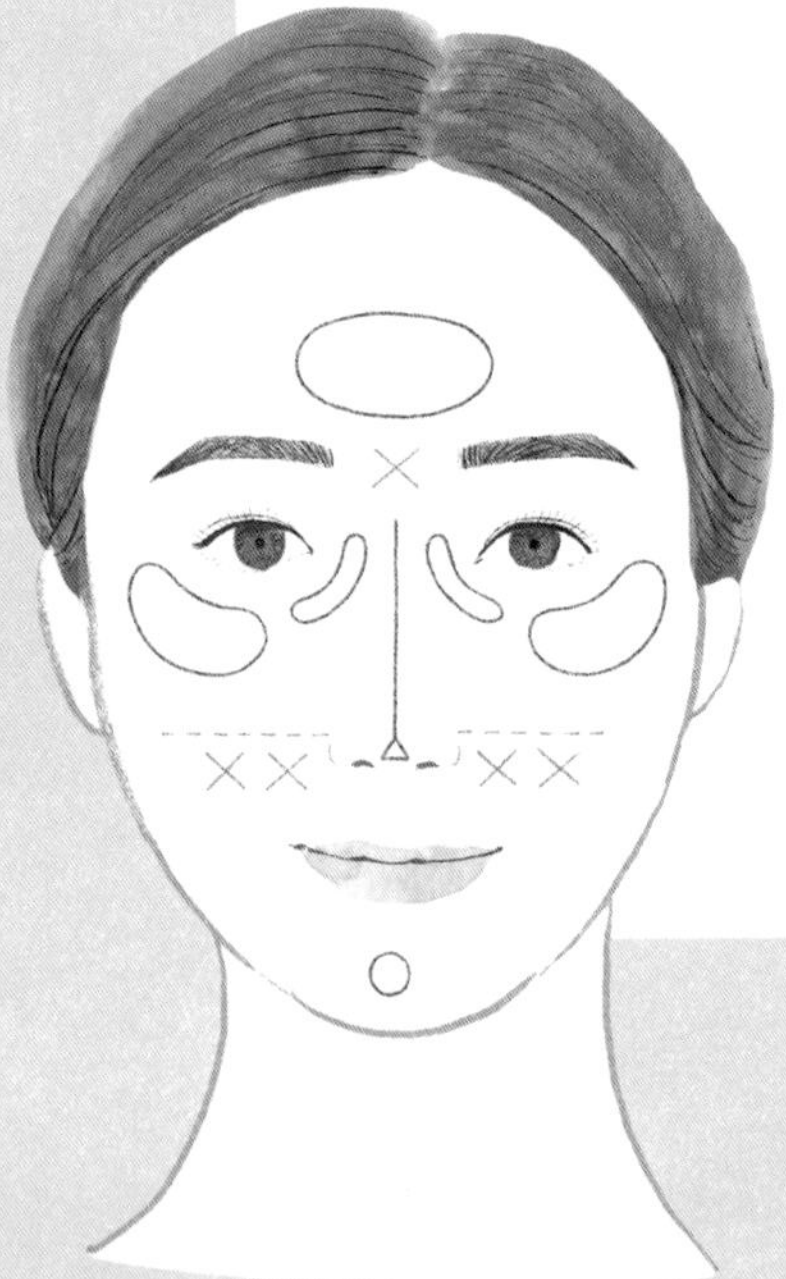

88

化粧の直し方

携帯しておくと便利なもの

簡単クレンジングのためのコットン、綿棒、小分けにした乳液、塗り直しのための日焼け止め、クッションファンデーション。これらをポーチに入れておけば、乗り切れます！

テカリにはティッシュをあてるだけ

脂取り紙は皮脂を取りすぎ、乾燥、はたまた、さらなる過剰な皮脂分泌を促すことも。ティッシュでもいいですが、人前でもさりげなくあてられるガーゼハンカチもおすすめです。

ファンデのヨレは指でならしてからクッションファンデで

ティッシュをあてて余分な皮脂を吸い取り、ヨレた部分を指でならし、パフでトントンとなじませます。

ひどい化粧くずれは乳液でオフ

乳液の油分は簡易的なクレンジング代わりに。さらにスキンケア効果も同時に叶います。くずれがひどい場合は、急がば回れ。乳液をコットンにたっぷり含ませ、くずれた部分だけ拭き取ります。その乳液をハンドラップ（P.51参照）で落ち着かせたら、また下地からスタート。目まわりのにじみや小ジワへの粉落ちも同じ要領で綿棒に乳液をつけてぬぐって。

89 ブラシ、スポンジの洗い方

リキッド汚れはできれば毎日洗う

衛生面だけでなく、美しいメイクの仕上がりのために、ツールはできるだけキレイなものを使いましょう。油分を多く含んだファンデーションやリップアイテムなどの液状の汚れがついたスポンジやブラシは、毎日洗うのが理想です。

パウダー汚れは3日に1回が理想

粉ものによる汚れは、できれば3日に1回、難しければ1週間に1回は洗いましょう。皮脂と混ざって酸化してしまうので、最低限でもブラシについたパウダー汚れは都度ティッシュで払っておくことを忘れずに。ブラシの中に入り込んだ粉の汚れまでしっかり払いましょう。

スポンジは優しく絞る。ブラシは形が変わらないよう乾かす

スポンジは気泡がポソポソになってしまうので、洗ったらねじらずに優しく絞り、ティッシュに包んで再度軽く絞ります。その後、ティッシュに置いて陰干し。ブラシは洗ったら、軽くティッシュでくるんで絞り、毛にクセがつかないよう洗濯を干す要領で洗濯バサミを使って吊るし、陰干しします。

ぬるま湯で薄めた中性洗剤で洗う

専用の洗浄料、あるいは中性洗剤（おしゃれ着用洗剤）をぬるま湯で薄め、スポンジは洗面器の中で押し洗い。ブラシは洗面器の中でくるくると回しながら、汚れを浮かせ、その後、流水でよくすすぎます。

コスメの消費期限って？

未開封で３年。開封後半年～１年が安全性が保証されている期間。それ以上使える場合もありますが、判断が難しいので期間内に使い切って。また、コスメは基本的に常温（15～25℃程度の環境）保管が想定されています。保存状態が悪ければ、もちろん消費期限より前にダメになってしまいます。直射日光、高温多湿を避け、温度変化があまりない常温の場所に保管を。捨てる際は、容器の中身を拭き取ってから、可燃ゴミまたはプラスチック資源ゴミに。拭き取れない時や金属が使用されている場合は不燃ゴミとして処分するのが基本です。

90 メイク全体の総点検

ここだけはクリアしたい

□ 眉の角度、太さ、OK?
□ 肌にツヤ感、ある?
□ 血色、足りている?

メイクが雑に見える人は
ここをチェック

□ まつげが束になっていない?
□ リップカラーの口角が
はげていない?
or
口角を塗り忘れていない?
□ チークやアイシャドウ
などの色の境界線、
ハッキリしていない?
□ アイラインがヨレていない?
or
目尻のラインが途切れていない?

メイク感が出ない人、足りない人はここをチェック

□ ファンデーションがきちんとついている？（ついていない原因：量が足りない。下地を塗っていない。スポンジや手にもっていかれている）

□ チーク、リップの色み（血色）、足りている？

□ マスカラが根元からきちんと塗れている？

メイクが派手になりがちな人はここをチェック

□ パウダーをのせすぎていない？

□ ファンデーション、アイシャドウ、チークなど、パーツごとに仕上がりをジャッジしていない？

□ 色が出ないことに不安になっていない？

Column 04

メンズメイク初心者は清潔感を重視

スキンケアの延長線上で考える

メイクをしていることを気づかれることなく、簡単に清潔感を出すことはできます。男性の場合は、皮脂分泌が多く、テカりやすく、毛穴が目立ちやすい方が多いので、そこをカバーしてあげると一気に印象が見違えるほどよくなります。また、青ヒゲやクマなどの「青み」を顔からなくしてあげるだけでも、健康的、かつ、きちんとした印象に。メイクは恥ずかしいという方も、スキンケアの延長線上くらいの気軽さでぜひトライを。

バレないメイクのための5アイテム

① 色ムラを整えてくれる「日焼け止め」

色を感じさせず、塗っていることを悟られないのに、さりげなく肌の色を均一に補整してくれます。

---

② 青ヒゲ、青グマを隠せる「オレンジ系コントロールカラー」

「青み」を目立たなくしてくれるのは「オレンジ色」。コンシーラーより薄づきなので扱いやすい。

---

③ テカリを抑え、毛穴をぼかす「フェイスパウダー」

皮脂を吸着してくれる無色のパウダーを毛穴やテカリが気になる部分に。携帯して日中にも。

---

④ 眉の足りない部分をうめるための「グレー系アイブロウペンシル」

生えていない部分の毛を一本一本描くつもりで。まずは、はっきりと強めの印象に仕上がるグレーを。

---

⑤ 毛流れを整える「透明眉マスカラ」

女性の眉より一本一本の毛が太い傾向にあるため、毛流れを整えてあげるだけでも十分端整な印象に。

ヘア

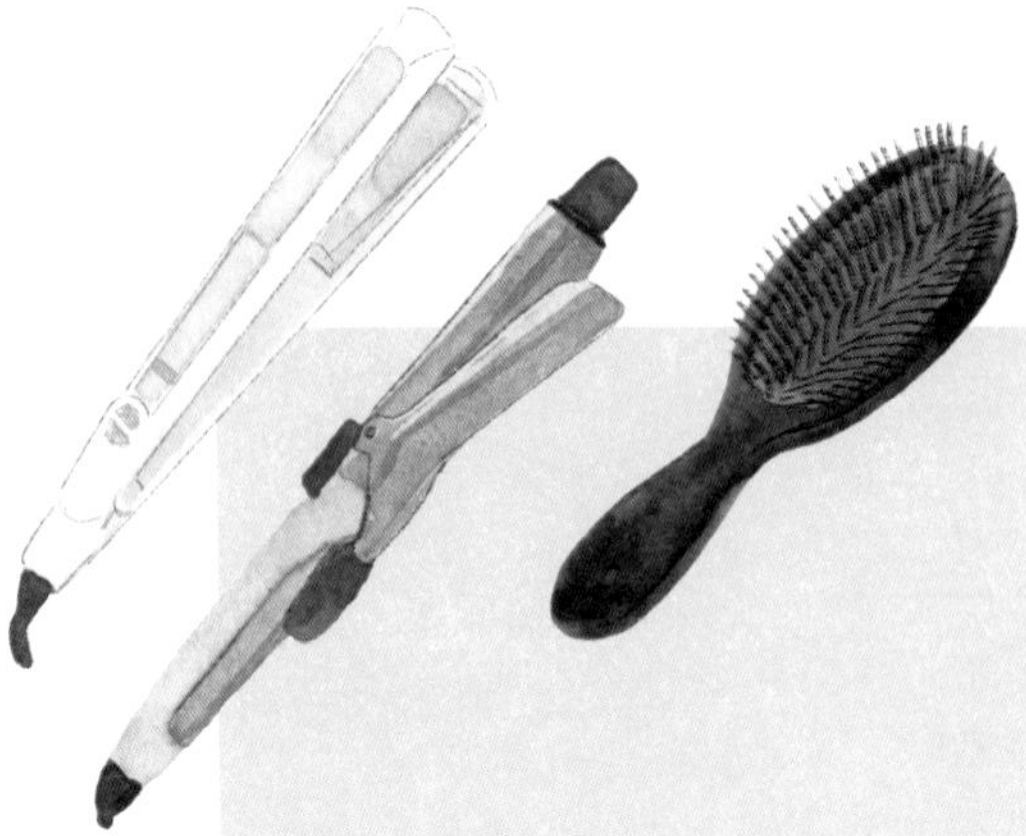

ヘアスタイルが
決まらないなら
髪型より
ヘアケアと
乾かし方を
見直しましょう

91

ヘアケア＆スタイリングを始める前に

見た目改革は、髪に時間をかけるほうが効率がよい

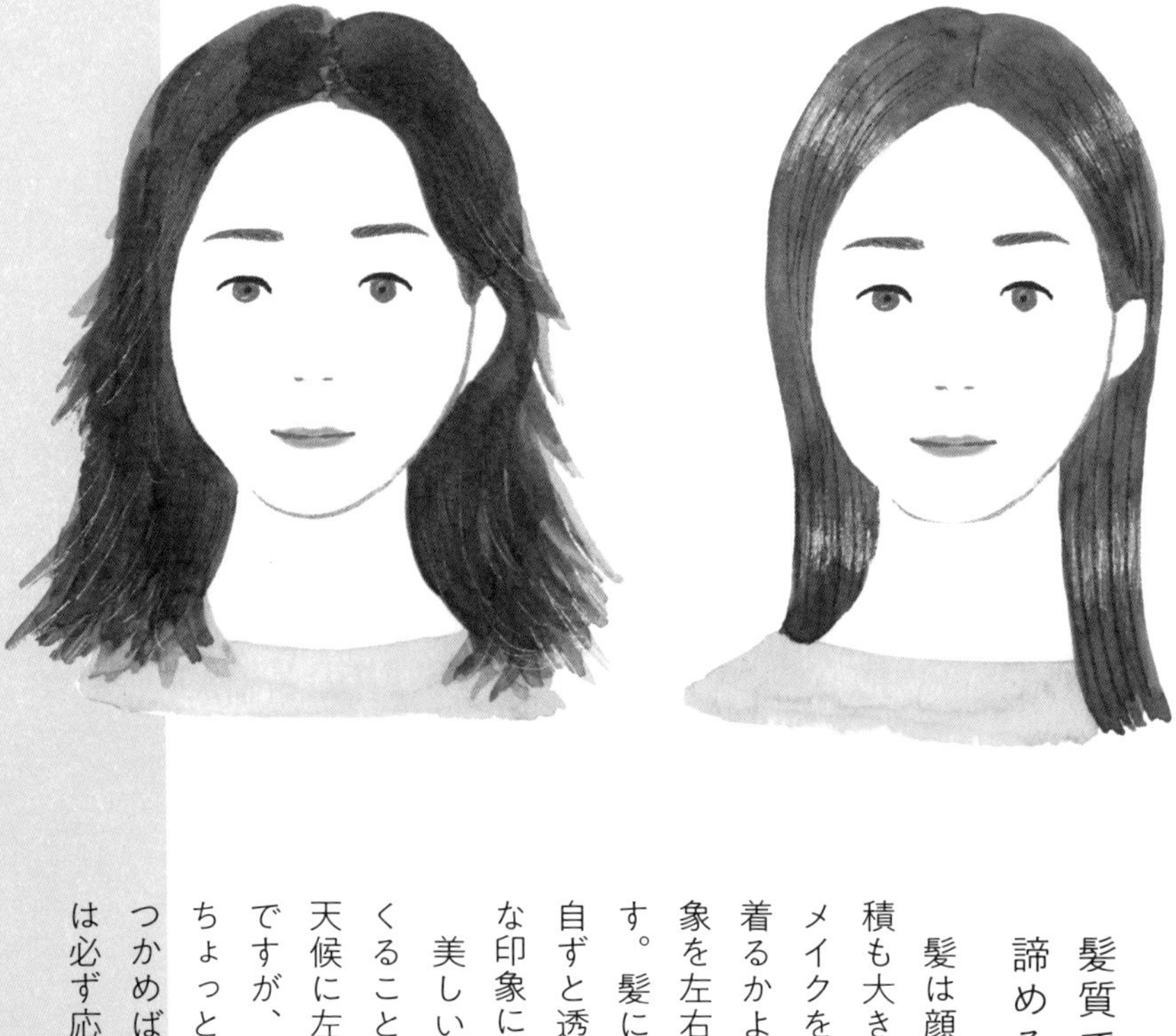

髪質で
諦める必要なし

髪は顔を囲んでいるし、面積も大きい。だから、どんなメイクをするか、どんな服を着るかよりも、周りからの印象を左右するのが、実は髪です。髪にツヤが宿れば、肌は自ずと透明感を増し、健やかな印象に見えやすくなります。

美しい印象の大半は髪でつくることができます。髪質や天候に左右され、悩みも複雑ですが、正しい基本のケアとちょっとした扱い方のコツをつかめば、髪質に関係なく髪は必ず応えてくれます。

92 髪の構造

健康な髪は一番外側を覆うキューティクルが整っている状態

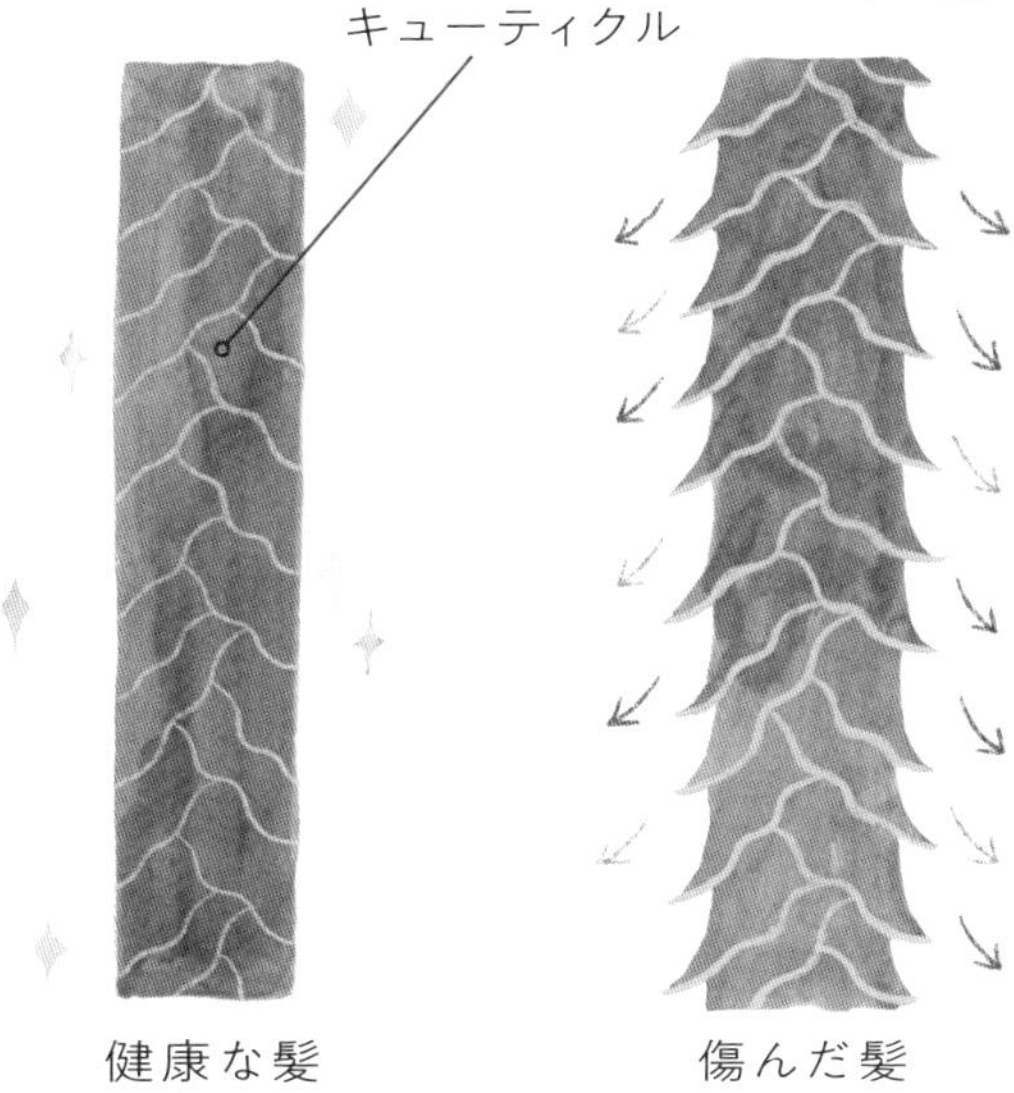

ツヤがあってしなやかな髪のためには、キューティクル（毛表皮）が損傷したり、毛羽立っておらず、毛先に向かって一定方向に整列している必要があります（筍の皮をイメージしてください）。キューティクルは外部の刺激から髪を守り、その内側のタンパク質や水分の流出を防ぐ役割を担っています。

93 髪を傷ませる主な原因

摩擦

キューティクルはとても薄いため、少しの摩擦でも傷ついて、はがれたり、毛羽立ったりします。無理なブラッシングは厳禁です。

紫外線

紫外線で表面の脂質が損なわれ、タンパク質も壊れることで、キューティクル同士の結びつきが弱まり、はがれやすくなります。

パーマやカラー

キューティクルを薬剤で無理やり広げて施術するのがパーマやカラー。強制的に開くので閉じづらくなるため、髪内部のタンパク質、水分が流失しやすくなります。

熱

熱によりタンパク質からなるキューティクルやその内部は変性します（生卵が熱で固まるようなもの）。過度なアイロン、ドライヤーの使用はもちろん、熱いお湯での洗髪も避けましょう。

ドライヤーは風量が大切

「熱が髪によくないから」と、弱い風で乾かすのはNG。風量が弱いと完全に乾かすまでに時間がかかるので髪と頭皮のためにも避けて。風量が強いドライヤーで短時間で乾かすのが理想です。

94
ヘアケアの考え方

ケアの目的を頭皮と髪で分けて考えよう

シャンプーは、髪だけではなく、汗や皮脂が出た頭皮を洗うことも意識しましょう。一方、髪に油分を与えるコンディショナーやトリートメントは頭皮にとっては不要なため、正しく使わないと毛穴トラブルの原因にもつながります。

主なヘアケア剤の役割

使う順番		
スカルプ（頭皮）クレンジング	シャンプーでは落としきれない汚れを落とします。毛穴トラブルを防ぎ、健やかな髪が生える一助に。	
シャンプー	頭皮に付着した汗や皮脂を取り除くために行います。汚れは頭皮を洗う際の泡によって吸着されます。	
トリートメント（ヘアマスク）	内部に栄養を行き渡らせ、修復を促します。週2回くらい行うのが目安。ダメージが強い場合は頻度を上げて。	どちらかでいいが両方使ってもいい
コンディショナー（リンス）	表面を薄い油性の膜でコート。キューティクルを保護し、シャンプー後のきしみを抑えてしっとり仕上げます。	
アウトバストリートメント	ドライヤー前の使用で、熱から髪を守り、補修効果があります。補修効果はないがツヤを与えたいならヘアオイルを。	

95 正しい頭皮ケアの仕方

肌として とらえよう

健康な髪が生まれる土壌となるのが頭皮。つい髪のことばかりを考えてしまいがちですが、顔の皮膚と同じように頭皮も重要だと考えましょう。

まずは、血行促進。血流がよくなると毛根に栄養、酸素などが行き渡るようになります。次に、古い角質をオフし、毛穴まわりを清潔に保つこと。保湿や紫外線対策なども、スキンケアと同じイメージを持つとよいでしょう。

頭皮環境が整うと、健康的な髪が生え始めます。ハリ・ツヤが宿り、結果、薄毛・抜け毛の軽減にもつながります。

□毎日のブラッシング

パドルブラシ（ブラシ面に空気穴が開いていてクッション性が高い）を用い、髪のもつれを取ってから頭皮へ届くようブラシを入れる。気持ちいいと感じる程度の圧でブラッシング。

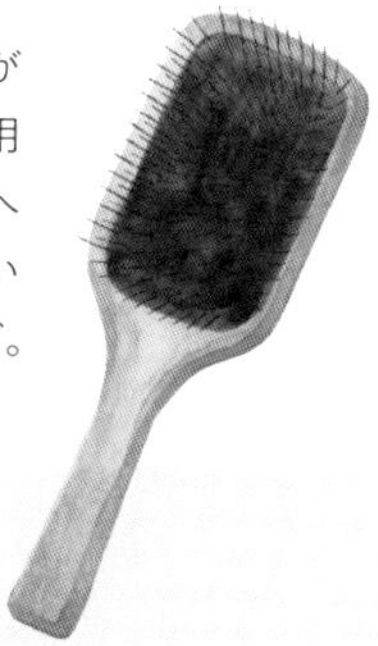

□週１回の頭皮クレンジング

通常のシャンプーでは落としきれない汚れをスカルプクレンジングでオフ。洗浄力が強いので、頭皮の保湿やエイジングケアができるエッセンスとの併用がおすすめ。

□凝りやすい部分をマッサージ

こめかみ部分にはスマホやパソコンで目を酷使していると固まりやすい側頭筋が。両手をグーにし、こめかみにあて、圧をかけながら、ゆっくり回します。

□定期的に頭皮の状態をチェック

・頭皮が青白いか
・カサつき、
　ベタつきがないか
・頭皮が動くか
　（硬くなっていないか）
・赤みはないか

健康な頭皮は表面が青白く透き通って見えます。冷えや運動不足、眼精疲労など、さまざまな要因でむくんだり、凝って硬くなったりします。顔の肌と同じように観察する習慣を。

96 正しいシャンプーの仕方

頭皮に指先を届かせることを意識して

頭皮の毛穴を洗うイメージで

頭皮の毛穴に皮脂や脱落した角質（フケ）などの汚れが残ったままでは、髪にボリュームが出づらく、ベタつき、薄毛の原因になってしまいます。

襟足〜後頭部あたりに指が届きづらいので、髪をまとめて頭の上にのせたり、うつむいて髪を前に集めたりして（髪が長い人は顔にシャンプーがつかないように）しっかりと指を頭皮に届かせて。爪が長いなら頭皮を傷つけないようにシャンプーブラシを。すすぎ残しもしやすいので、シャワーヘッドを頭皮に近づけて洗います。泡立たない場合は、そのままシャンプーを足さず、一度洗い流してから再びシャンプーを。

①ブラッシング
髪がからまるのを防ぐ。汚れが浮き上がり、落としやすくなる
↓
②お湯で予洗い
髪の汚れの大半が落とせる。36度くらいのぬるま湯で
↓
③シャンプーを手の上できちんと泡立てる
洗浄力がくまなく行き渡り、すすぎ残しがなくなる
↓
④軽めに洗う
泡で髪全体を包むように
↓
⑤泡を流す
↓
⑥シャンプーを手の上できちんと泡立てる
↓
⑦2度目のシャンプーは頭皮を洗うイメージで
無理に一度で洗おうとするより、ダメージが軽減。よく泡立てて頭皮をもみ洗いする
↓
⑧流す
すすぎ残しがないように

97 正しいトリートメントの仕方

塗布前に「水気をきる」、塗布後に「水気となじませる」が肝心

手間をかけた分効果が大きくなる

トリートメントの効果を十分に発揮させるためのポイントは2つ。1つめは、シャンプー後きっちり「水気をきる」こと。水分を含みすぎている状態では、本来成分を行き渡らせたい部分への成分の浸透を阻んでしまいます。

2つめは、少し水を加えて油と水の成分を混ぜ合わせる「乳化を行う」こと。乳化するとトリートメントが水溶液に近づくため、髪内部への浸透力がアップします。ただし、毛先に比べ健康的な状態の根元付近にトリートメントを使うと髪が重くなりすぎてしまう可能性があるので注意が必要です。

①水気をきっちりとる
面倒でなければタオルで覆い、吸水させるタオルドライがベター

②毛先を中心につけて、頭皮にはつけないように

③なじませる
コームでとかして、メーカーが規定する時間おく

④乳化
毛束を取って軽くねじり、ぬるま湯とトリートメントを〝少しずつ〟なじませる。ダメージが強い毛先は手のひらでもみ込むように。これを2～3回繰り返す

⑤しっかり流す
トリートメントを髪表面に残そうと考えないこと

ハードセットのクレンジングにはシャンプー前にトリートメントを

「油分が配合される整髪料＝メイク」と置き換えるなら、「シャンプー＝洗顔料」なので、ハードな整髪料のオフにはクレンジングが必要だとわかります。その役割を「トリートメント＝油分」が果たしてくれます。

トリートメントの後、顔や体を洗う

トリートメントを流した後は、顔や体にトリートメント剤が付着し、残留することも。それが、肌荒れやニキビの原因につながります。

トリートメントの頻度の目安

毎日使ってもよいですが、髪がなかなか乾かなかったり、ヘアアイロン使用時に湯気が出てしまったりすることも。その場合は、回数を見直しましょう。

コンディショナー、リンスは乳化不要

内部に浸透させるためではなく、表面をコートする役割なので、乳化をする必要はありません。

98 正しい乾かし方

濡れている髪はダメージを受けやすい状態。洗髪後はしっかり乾かそう

濡れている髪は鎧を脱いだ状態

毛髪内部を守る鎧のような役目を果たすキューティクル。髪が濡れると開いて、水分が内側に入り込み、結果、膨らみやすく。長時間濡れた状態にしておくと水分とタンパク質（栄養分）が流出し続けるので、防御機能の低下が加速します。生乾きのままで寝てしまうと頭皮環境も悪くなり、ダメージや悪臭の原因にも。さらに、枕でこすれたり、からまったりもしやすくなり、乾いた髪以上のダメージに。

　ダメージが進んでしまうと、乾いていても空気中の水分（湿気）で膨らみ、うねりやすくなります。

ドライヤーを左右に小刻みにふる

乾かしムラがないように、いろいろな方向から。乾かしすぎを防ぐため、大きく「後ろ→横→上」の順番で。ドライヤーの熱ダメージから守るためにも1ヵ所に熱風をあて続けないこと。

ドライヤーを離す

距離が近すぎると熱すぎるためにダメージの原因となります。髪から15～20㎝離すこと。

きちんと根元から

根元から乾かす習慣を。毛先ばかりにドライヤーの熱があたると、パサつきや枝毛などの原因にも。根元が湿ったままだと、うねりやすい。

仕上げに冷風をあてるとツヤが出る

冷風をあてると、キューティクルが引き締まり整うので、ツヤ感がアップします。余熱を逃がすことで、乾かしすぎを防ぐことにもつながります。

パーマの復活は、ムースの後に握って温風、乾いたら冷風で

パーマのカールは水分で復活します。濡らす時間がない時には、水分を多く含むムースをなじませ、握りながら15～20㎝離して温風をあててクセづけ（あるいは、髪を乾かす前にムースをつける）。カールが戻ったら、冷風をあててフィックス。

99

スタイリングの考え方

サロンの仕上がりを
実現させたいなら
「熱」と
「テンション＝引っ張る」が必要

ただ乾かしただけではダメ

髪がうねったままでは光を反射しないため、きれいなツヤは宿りません。髪にストレートアイロンをあてたり、ドライヤーをあてながらブラシで引っ張ってブロー。毛先に向かってテンションをかけることで、キューティクルが一定方向に整い、自然なツヤが生まれます。

ヘアオイルなどでツヤを出そうとしても重くなってしまうだけで、かえってスタイリングがキマりづらくなることも。本物のツヤは「キューティクルの整列」で叶います。

100 スタイリング剤のつけ方

① 手のひら全体に広げる

→

② 内側からつける

メーカー推奨の量を取り、手のひらをこすりあわせ、全体になじませる。指のマタにもきちんと行き渡らせるのがポイント。手全体を使うことでムラなくつけることができるように。

頭皮を避けて根元から

よくある間違いが、カールや動きを出したい毛先にだけ

③ サラッと外側からひとなで

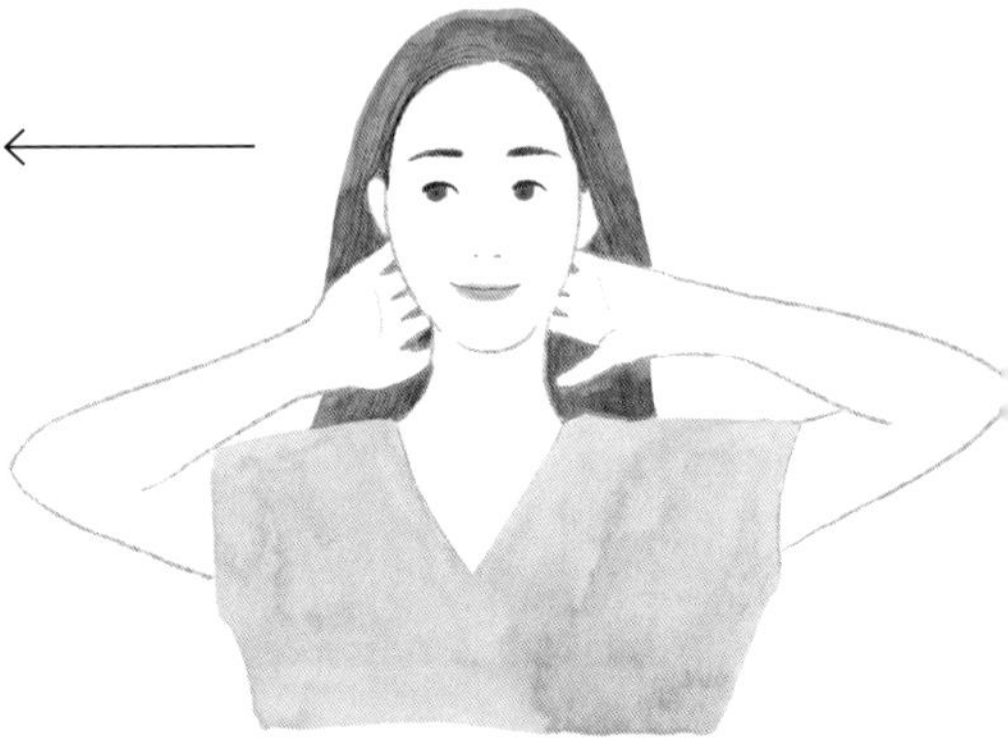

内側から頭皮につかないよう手を入れ、中間から毛先に向かって手グシでとかすようになじませる。短めヘアやウエーブスタイルなら、髪を軽く握るようにして全体をもみ込む。

根元や表面にスタイリング剤が多くついてしまうことが、持ちの悪さやスタイリングのキマらなさにつながっています。表面は最後に、ざっくりと手グシでなでる程度でOK。

スタイリング剤をつけてしまうこと。ワックスであっても、ジェルであっても、まずは手のひら全体に広げたら頭皮を避けて内側から髪全体に薄くなじませます。全体的なボリューム感、質感を調整しやすく、持ちもよくなります。

前髪など、特に動きをつけたい部分は、髪全体になじませた後、手に残った分をつけるだけで十分。毛束感をつけたい場合も同様に、つけ足さずに細かく毛束を取ってスタイリングしましょう。

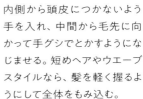

101 ボリュームの出し方

ブローやアイロンの方向は〝ウニ〟をイメージして

下方向に引っ張るのではなく、頭の丸みに合わせて角度を変えていきます。ウニのように、360度放射状に。根元が立ち上がるように意識して、毛穴からまっすぐ髪が出るようにナビゲート。

分け目を変える

自然に分かれる方向とは逆方向に分け目をつくることで、根元がふんわりと自然に立ち上がります。スタイリング時ではなく、乾かしている時に８割ほど乾いた状態で、手グシでかき上げながら、根元を中心にドライヤーをあて、逆サイドにブロー。日中も、時々分け目を変えてみるのもよいでしょう。

薄毛・ヘアロスの原因は？

毛包が萎縮し、毛髪を生み出すことができない男性型脱毛症（AGA）は、主に男性ホルモンの一種であるDHTの生成が原因です。女性の薄毛は加齢による影響が大きく、不規則な生活習慣、ストレスやホルモンバランスの乱れとの関係も深い。また、いつも同じ方向に引っ張るようなまとめ髪をしていても薄毛の原因となります。

102 パサつきの防ぎ方

温風で8割乾かし 仕上げは冷風で

根元から乾かすことで、毛先はほぼ成り行きで乾きます。それくらいの気構えで、傷みやすい毛先に熱をあてる時間を極力減らして。さらに、8割程度乾かしたら、残りは冷風で乾かし、必要以上に熱をあてる時間を減らします。

熱をあてる前にアウトバストリートメントを塗布

髪の主成分であるタンパク質は、生卵に熱を加えると固まるように熱を加えることで変性します。「硬くなる＝ゴワつき」を防ぐためにもドライヤーの熱から髪を守るヘアケア剤を投入。説明に「ドライヤーの熱から守る」といった記載があるものを選びましょう。

就寝時、シルクのスカーフを枕にかける

摩擦を軽減するシルクは、調湿機能もあるため、乾燥もしづらく。髪の長い人は、髪を上に逃がすひと手間も。

パーマやカラーを長持ちさせるために

パーマもカラーもキューティクルを強引に開く施術です。1週間はキューティクルが不安定な状態にあるので、いつも以上に濡れた状態で放置しないことが大切です。

日傘と日焼け止めは髪にも有効

秋に抜け毛が増えるのは、夏の過酷な紫外線ダメージの結果。スプレータイプの日焼け止めや日傘を使って真夏は髪だけでなく頭皮もガード。夏の間だけでも、習慣にしたい。

103

失敗しない「ひとつ結び」

間違いないのは、耳の先端の斜め下で結ぶこと

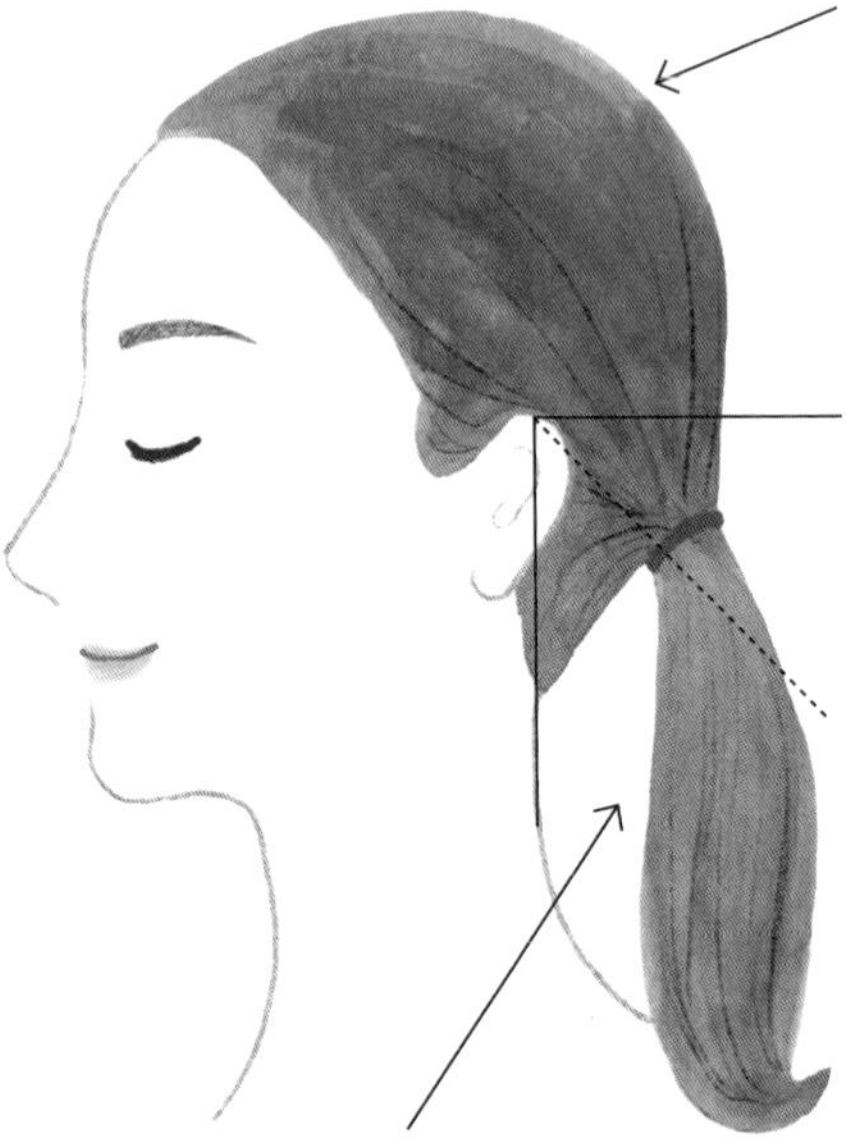
引き出す位置
耳の先端から斜め下45度の位置（盆のくぼの2～3cm上あたり）に結び目がくるように結ぶ。毛束は後ろではなく下向きに。さらに後頭部の高い位置の髪を少しだけ後ろに引き出すと頭の形がよく見え、一気にこなれ見えする。
毛束は下向きに

簡単便利な万能アレンジ

中途半端な位置で結ぶひとつ結びは、ズボラに見えるだけでなく、老けた印象になったり、逆に若づくりに見えたりしがちです。髪の長さや輪郭、ファッションテイストなどを問わず間違いないのは、耳の先端の斜め下の位置でまとめるひとつ結び。全体的にワックスをつけて結ぶだけで頭の形がよく見え、上品に仕上がります。

さらにセンターパートにして、ヘアオイルやジェルでタイトにまとめればスタイリッシュな印象に仕上がります。

104
短い毛や生え際の処理

襟足ともみぁあげの
後れ毛は
スタイリング剤で
毛束を強調

ひとつ結びして落ちてきた後れ毛は、くたびれた印象に見えてしまうことも。全体にワックスやヘアオイルをつけて結んだら、指に少しだけスタイリング剤をつけ、後れ毛で束をつくります。それでもしっくりこない場合は、ヘアアイロンで全体をワンカールさせてから、ひとつ結びを。

浮いている短い毛はヘアスプレーしたコームでなでつける

分け目部分からツンツン飛び出した毛は、切れ毛が原因。そのままにしておくと、ズボラに見えたり、疲れて見えたりしてしまいます。コームにセット力が強めのスプレーを吹きかけ、なでつけて。固まりやすいので、数本出ているだけなら、コームの柄を使ってピンポイントで押さえて。ワックスを手でなでつけてもOK。

左右の生え際の産毛はアイブロウパウダーと透明マスカラで

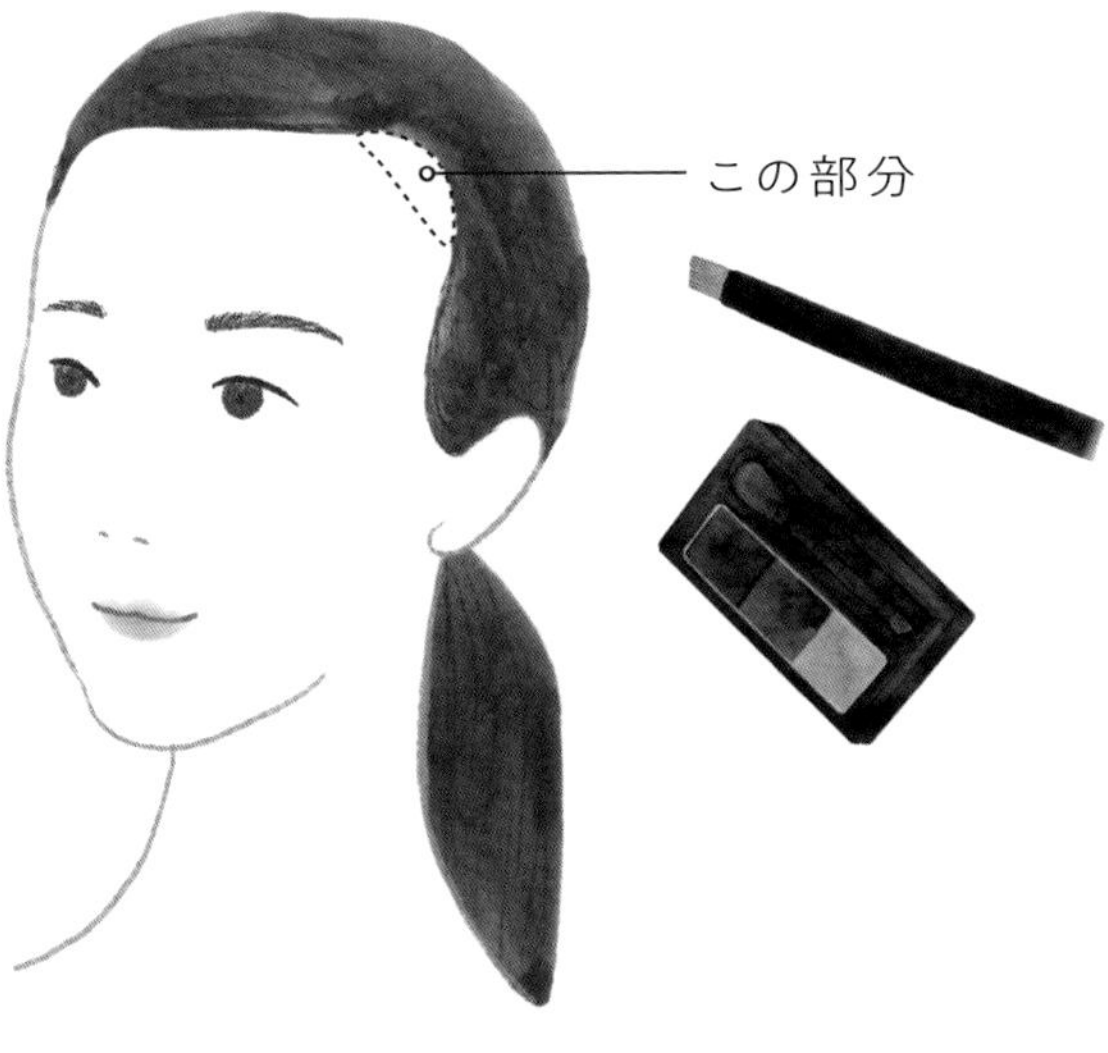

左右の生え際の産毛エリアは肌色が透けがち。普段使っているアイブロウパウダー（慣れないうちは淡いほうのブラウンで）をブラシでのせるだけで、輪郭が一気に締まり、小顔効果が。もやもやしている産毛自体は透明マスカラ（髪専用のものもありますが、眉用でもOK）で一定方向になでつけると、きちんと感アップ。

105

美容院の選び方

美容師選びは3回目でジャッジ

初回のみで判断しない

まず、サロンではなく、美容師の評判で検討をすること。また、初回は、髪質や好み、過去のカラーやパーマなどの薬剤を使った施術の履歴がわからない状態での施術。1回の仕上がりのみで判断すると、永遠に自分に合った美容師とは出会えないかもしれません。

すべてを委ねて判断するのではなく、自分を知ってもらうためのコミュニケーションも必要です。まずは大きなスタイルチェンジではない施術からお願いしてみましょう。

106 ヘアツールの選び方

ブラシ

頭皮のマッサージには、クッション性が高く、ピンの間隔が広いパドルブラシを。からまった毛をといたり、ブローするならハーフブラシ（デンマンブラシ）を。まず、この２種から揃えたい。

アイロン（ストレート／カール）

熱効率とホールド力に優れ、ダメージ軽減機能を搭載したものを。ストレート用は髪の長さに合わせ、プレートの幅をチョイス（たとえば、短い人は幅が狭いタイプを）。カール用は、自然なカールをつくれる32㎜がまずはおすすめ。

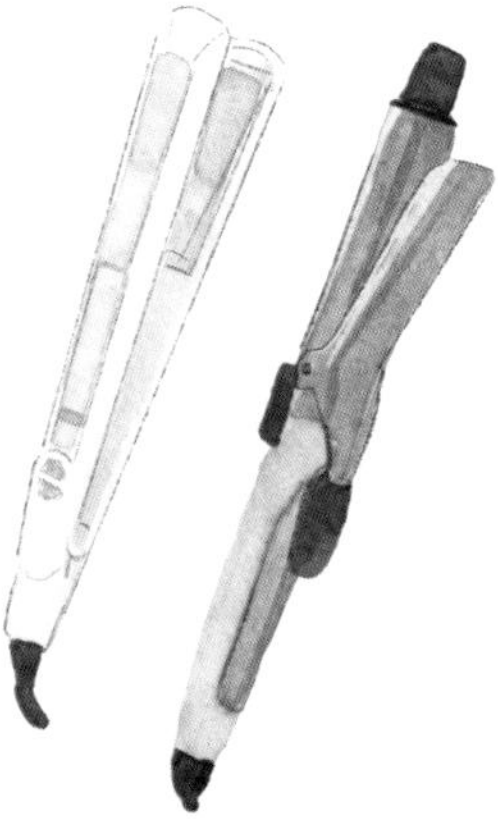

ドライヤー

ダメージ軽減のため、髪をできるだけ早く乾かせる風量が強いものを。と同時に、（冷風とは別に）温風温度が切り替えられるものなら、乾かしすぎのリスクを減らすことができます。

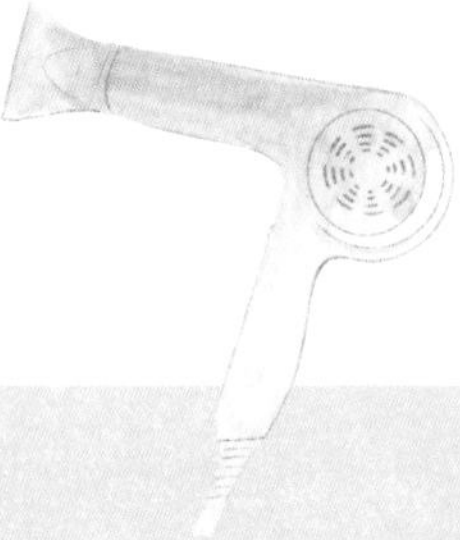

その他

「キレイ」の
根拠は、
「健康」にあります。
顔だけ、肌だけ、
の視点を
変えましょう

107

ボディケアの考え方

きれいの礎は、結局
「寝る」「食べる」「動く」

美容は
健康であってこそ

「肌は内臓の鏡」とも言われ、体の内側の乱れがそのまま肌に映し出されます。健康、それがすべてのキレイの源です。新しいコスメを試したり、美容のテクニックを工夫したりする前に必要なのは、生活習慣の見直しです。

健やかな細胞を生み出し、栄養を全身に送り届け、きちんと修復する。それらの機能を健全に保ち、向上させるためにも、「睡眠」「食事」「運動」はとても重要なのです。

108

よく眠るために できること

お風呂は就寝90分前に

40度くらいのお湯に15分程度つかりましょう。上昇していた深部体温が90分後に約１度下がり、表面の温度との差が縮まることで入眠しやすくなります。ちなみに、眠くなると手足の温度が上昇するのは、眠りに誘おうと熱を放出し、深部温度を下げようとするために起こります。

寝床で携帯を見ない

スマホやパソコンの光は、午前中の晴天と同じ波長と言われています。そのため画面を見ると、脳が「朝だ！」と錯覚してしまいます。入眠できても深い眠りになりづらいので、就寝１時間前までには見終えるようにし、難しければ、最低限、寝室に携帯を持ち込まないようにしましょう。

就寝３時間前に食事を終える

消化には２～３時間かかります。ギリギリまで食べていると、消化器系が寝ている間も働いてしまうことになり、睡眠の質が低下します。本来の睡眠の目的である「回復」が叶いません。どうしても、という場合は消化のよいもの（お茶漬けや豆腐など）を選ぶようにしましょう。

寝ないと痩せられない理由

ぐっすり眠ることで、脂肪を分解したり、筋肉を発達させたりする成長ホルモンが分泌。さらに、睡眠中には食欲を抑えるホルモンも分泌します。睡眠不足が続くと太りやすい体質に。

109

食事で気をつけたいこと

スキンケア
メイク
ヘア
その他

タンパク質をきちんととる

現代人はタンパク質不足です。不足すると筋肉量、免疫力などが低下し、肌や髪にもトラブルが出やすくなります。体内でつくり出すことができない必須アミノ酸がバランスよく含まれた肉・魚・卵・大豆・大豆製品を積極的にとるようにしましょう。

食べる順番は

食物繊維 → タンパク質 → 糖質

食物繊維を含む野菜を最初に。次に、タンパク質が含まれたおかず、最後に糖質である炭水化物（ご飯、麺、パンなど）を。消化に時間がかかるものから食べ、糖質を最後に食べることで、体脂肪の増加に直結する血糖値の上昇をゆるやかにします。血糖値の急激な上昇は糖尿病につながるだけでなく、太りやすくも。

糖質も大切な栄養素

糖質は車でたとえるならガソリン。脂肪を燃やすためにも必要な大切なエネルギーです。とりすぎは要注意ですが、完全に抜くのも問題です。ちなみに炭水化物を抜くと体重がガクンと減るのは、筋肉量、水分量が減っているだけ。

食物繊維も積極的にとる

食物繊維の摂取は血糖値の上昇を抑えたり、血中コレステロール値を低下させたり、と生活習慣病の予防にもつながります。善玉菌の餌になるため腸内環境も整いやすく。野菜、穀類、豆、きのこ、芋類などに多く含まれています。

定期的に舌をリセットする

過剰な味付けや偏った食事は、味覚障害の原因にも。おすすめなのが味覚のリセット。1食をトロトロのお粥や出汁スープなどに置き換えます。

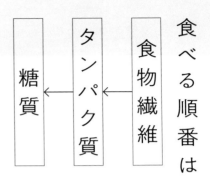

110 食材の選び方

カロリーゼロ食品を選ばない

カロリーゼロ表示がある食品には人工甘味料が使われています。人工甘味料は、カロリー自体は抑えられていますが、脂肪の蓄積にかかわるホルモン（インスリン）の分泌に異常をきたす可能性が。さらに、小腸に吸収されず、大腸に運ばれ腸内細菌のバランスを乱す原因になる可能性も。

いろいろな色の野菜を食べる

紫外線や害虫などから身を守るため植物がつくり出すフィトケミカル。抗酸化力が高く、アンチエイジングにも効果絶大。いろいろな色の野菜を選ぶと自然とバランスよく摂取可能。

皮まで食べる

野菜は皮や根、種子に栄養が多く含まれているため、すべてをいただくのが理想。「一物全体食」とも言われていますが、生命は個体全体でバランスを保っています。丸ごと食べるほうが、栄養の計算をするのが簡単、とも言えます。米、小麦粉、砂糖も、その考え方のもと、白より精製していない茶色のものを選びましょう。玄米や全粒粉には血糖値が上がりづらくなるメリットも。

スキンケア
メイク
ヘア
その他

111

サプリのとり方

まずは食事の見直し。やたらと飲まない

基本的には食事から

解明されていない成分が自然界にはまだまだ存在します。それらは食品からは摂取が可能ですが、サプリでは叶いません。また、栄養素が美白や疲労回復などの目的通りに機能するには全体のバランスも大切。さらに、過剰摂取が内臓に負担がかかることもあるため、専門医の指導のもと、適切なものだけを服用するのが好ましいと言えます。

112

美容も健康も、結局「腸」！

毎日、便をチェックしよう

便は体からのお便り。形や色、においをチェックすることで腸内環境がどのような状態かを知ることができます。腸内環境が整うと、美肌になるだけでなく、免疫力アップ、集中力の持続、ストレスの緩和、睡眠の質の向上など、たくさんのメリットが。

理想の便って？

形	バナナ状
量	バナナ1～2本程度
硬さ	なめらかで柔らかい
色	黄土色～茶色
におい	便臭はあるがきつい悪臭ではない

うんちマッサージを日課に

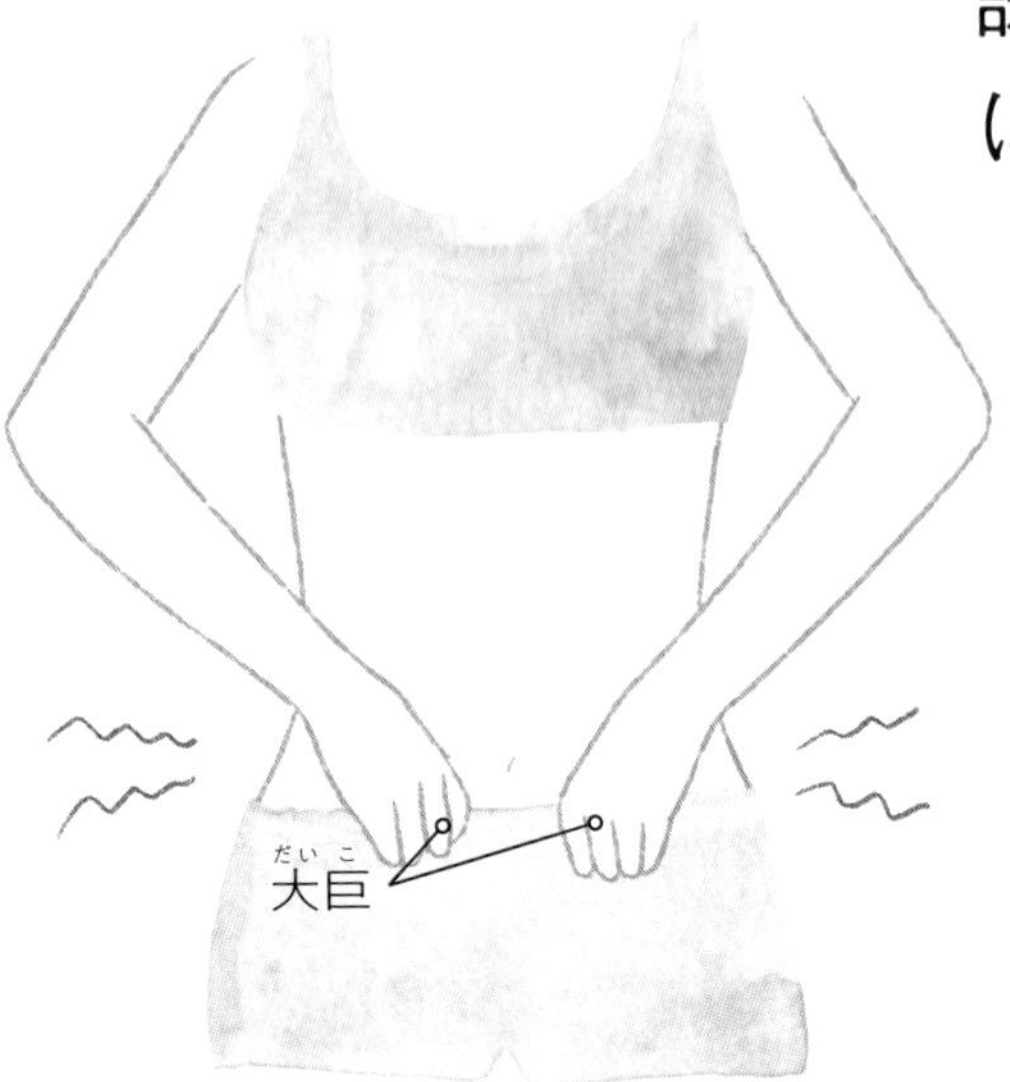

マッサージで腸を刺激し、便意を促す。両手をグーにして、便秘解消のツボを気持ちいいと感じる強さで刺激する（ヘソから指３本分下がったところの左右にある大巨《だいこ》が便秘解消のツボの代表）。直腸へつながるS状結腸がある部分にたまりやすいので、左下腹部を念入りに刺激するのも効果的です。

腸内細菌をペットだと思う

腸内環境を整える方法は、主に、菌が喜ぶ「食事」、便を押し出す力を強くするための適度な「運動」、腸内細菌が活性化しやすい温度を維持するための「温活」、質のよい「睡眠」の４つ。腸内細菌はペットで、腸内環境はその暮らしている環境と考えてみましょう。

113

ダイエットより ボディメイク

「体重」より「体型」が大切

食事制限だけではリバウンドする

過度な食事制限で減量を試みても、筋肉や肝臓に蓄えられていたエネルギーが枯渇してしまい、タンパク質からエネルギーをつくり出そうとします。そうすると筋肉量が減り（ゆえに一時的に体重が落ちます）、代謝が落ち、太りやすく痩せにくくなってしまいます。

ボディラインを整えたいのであれば、脂肪燃焼には基礎代謝を上げるための有酸素運動、締めていくには筋トレが必要です。「カロリー」や「体重」だけにとらわれないようにしましょう。

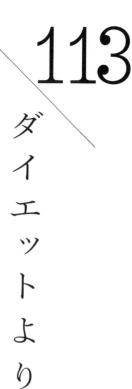

114

筋トレのメリット

成長ホルモン分泌で美肌効果も

幸せホルモンで気持ちもリフレッシュ

筋トレにより、ボディラインが整うだけでなく、基礎代謝が上がるので太りづらくなり、体力も向上。むくみや冷え性の改善にもつながります。また、成長ホルモン分泌により美肌効果も期待できます。さらに、幸せホルモンと呼ばれるセロトニンも分泌。気持ちをリフレッシュしたり、ストレス解消にも。

「体の疲れには運動、頭の疲れには睡眠」とも言われていますが、筋トレは体だけでなく、メンタルヘルスにも効果があると言えます。

115

大きな筋肉から鍛えよう

下半身を鍛えるならワイドスクワット

大きな筋肉が集まる下半身を鍛えられるので、基礎代謝がアップ。脂肪を効率よく燃焼させたい場合は、ジョギングなどの有酸素運動の前に。両足は肩幅より広くとり、つま先は45度くらい外側に。猫背にならないよう、かかとは地面につけたまま、ひざがつま先と同じ方向に向くように曲げます。この時、ひざがつま先より前に出ないよう、前ももに力が入らないように注意。10回を1セットにし、徐々にセット数を増やしていきましょう。

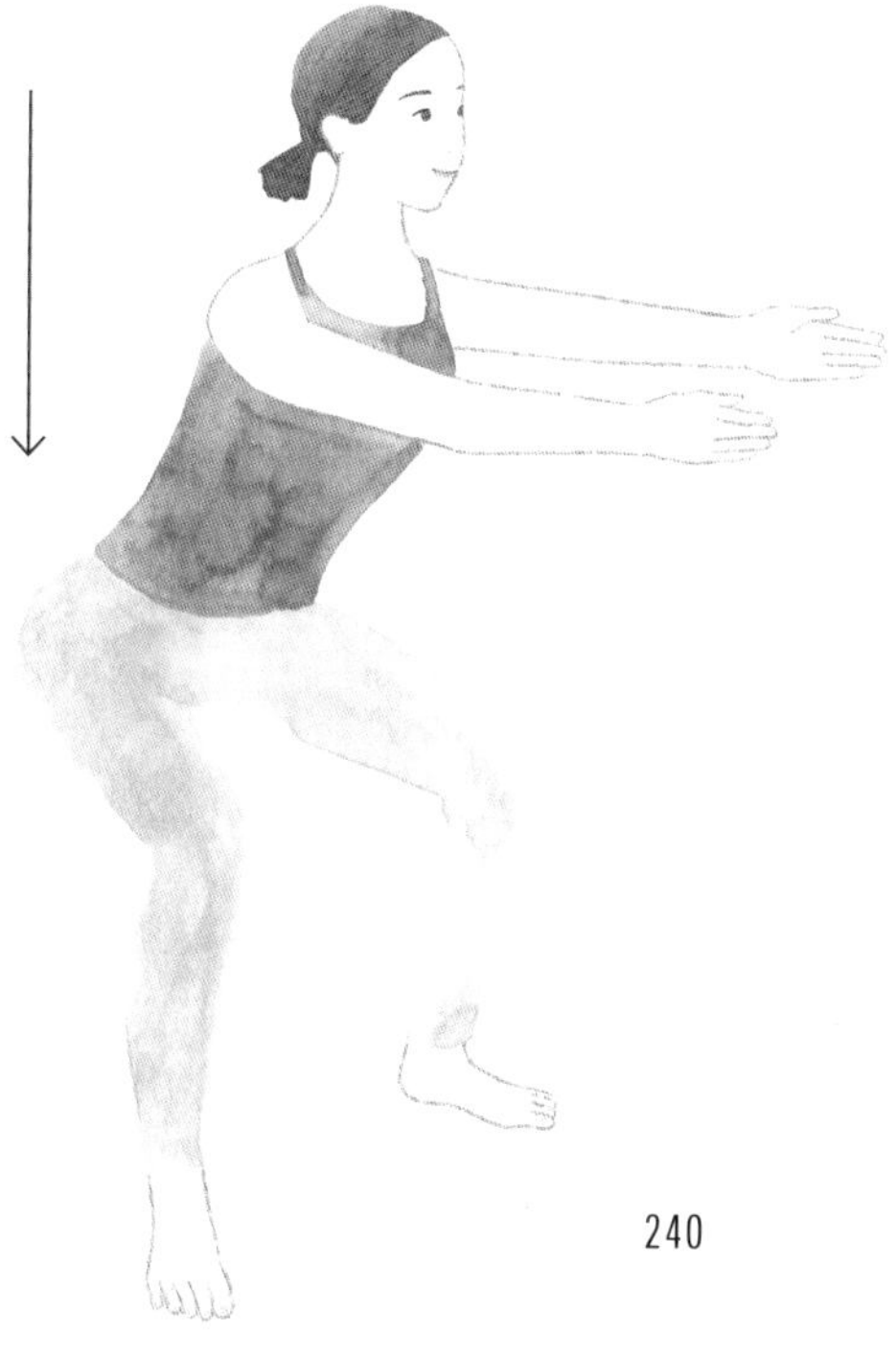

上半身を鍛えるなら ラットプルダウン

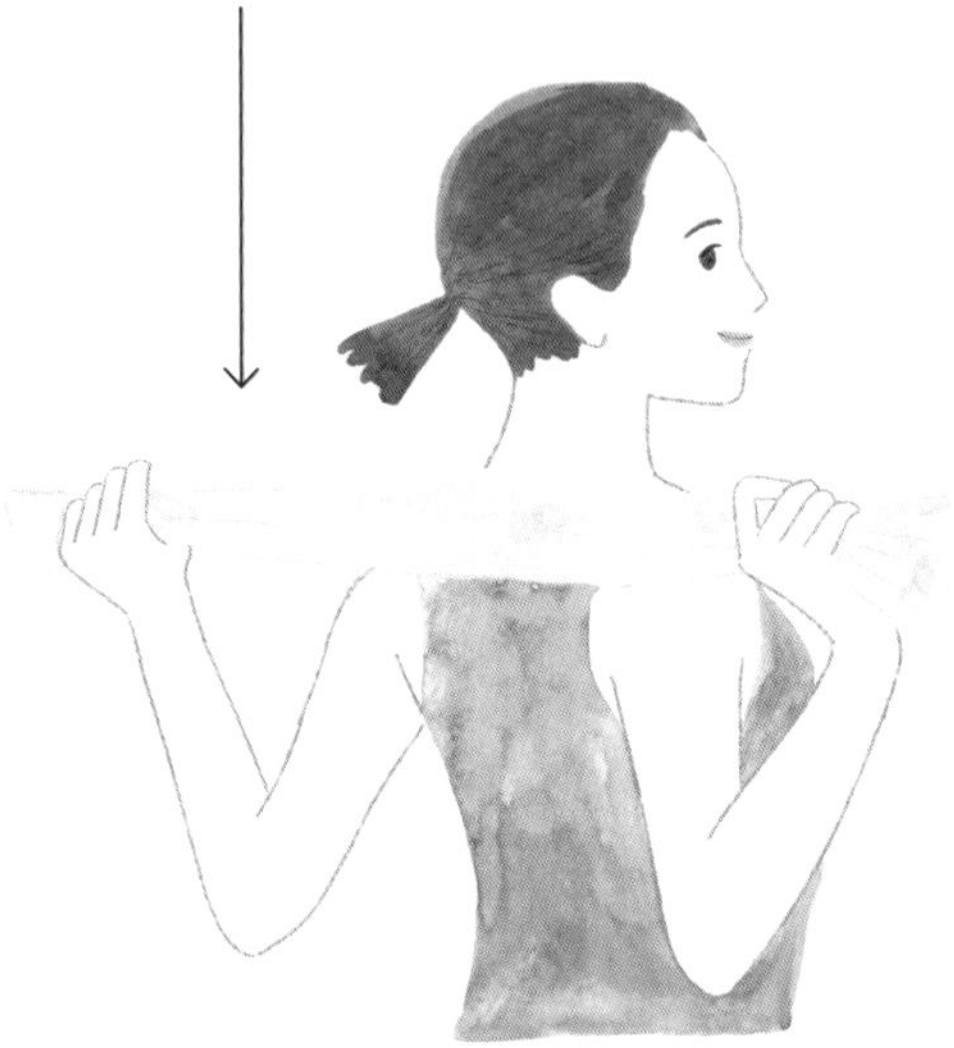

肩幅より広めにタオルを持って腕を真上にのばし、肩甲骨を寄せるようにしながらタオルが肩の高さぐらいになるまで引き下ろします。肩に力が入ったり、背中が丸まったり、反り腰にならないように。広背筋が鍛えられ、美しい姿勢にもつながります。座りながらでもできるので、仕事中やテレビを見ながらなど、気づいた時に。15回を目安に。

116

体を温めよう

一年中、
「温め」を意識。
特に内臓を
冷やさないこと

体温が下がると
免疫力が下がる

免疫細胞は温度が高いほう
が活性化するため、体温が1
度下がると免疫力が約30%下

スキンケア
メイク
ヘア
その他

がると言われています。手足が冷えやすかったり、体温が低め（36度以下）なら、運動で代謝を上げたり、腹巻きや靴下などで物理的に体を温めてあげましょう。

また、冷たいものをとると内臓が冷え、血流が悪化。胃腸の働きが悪くなり、食欲も低下します。冷たいものはできるだけ控え、とった場合は後から温かいものをとる習慣を。体温が下がっている起床後に白湯を飲むのもおすすめです。

117 年齢が出やすいパーツのケア

挽回しづらいので予防が大切

顔に比べ、皮膚が薄く、皮脂腺が少ないために、首や手は加齢が出やすいパーツです。年中紫外線にさらされているわりに、顔に比べてケアも怠りがち。なのに、人目にはつくために加齢サインが出てくると急に気になってきます。セルフケアではリカバーしづらいため、基本的には先手、先手の予防がとても重要になってきます。

また、60%がコラーゲンで

歯茎

電動歯ブラシ、フッ素入りジェルを塗布した歯間ブラシ、デンタルフロスなどを使って、歯と歯の隙間、歯と歯茎の間を重点的にケア。ブラッシングの圧が強くても歯茎は後退するので力の入れすぎには注意。定期的な歯科でのクリーニングもおすすめ。近年は、歯茎の再生治療も進んできています。

首

皮脂腺が少ないため、保湿ケアなしでうるおいを保つことが困難。さらに、日焼け止めを塗り忘れがちなうえに、照り返しで紫外線ダメージが蓄積しやすい部位でもあります。顔同様のスキンケアをし、一年中、UVケアをきちんと塗ってあげましょう。

首のシワには縦と横の２種類があります。縦は、加齢により皮膚が薄くなることで発生しやすく、横は姿勢を正すことで改善されることも。スキンケアを塗り込む場合は、縦と横、それぞれのシワの奥まで届かせるイメージで塗布。

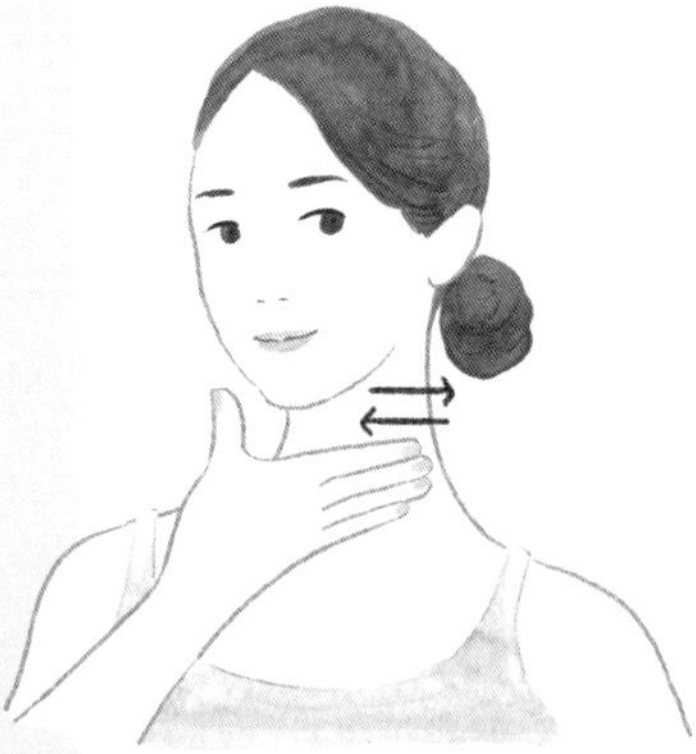

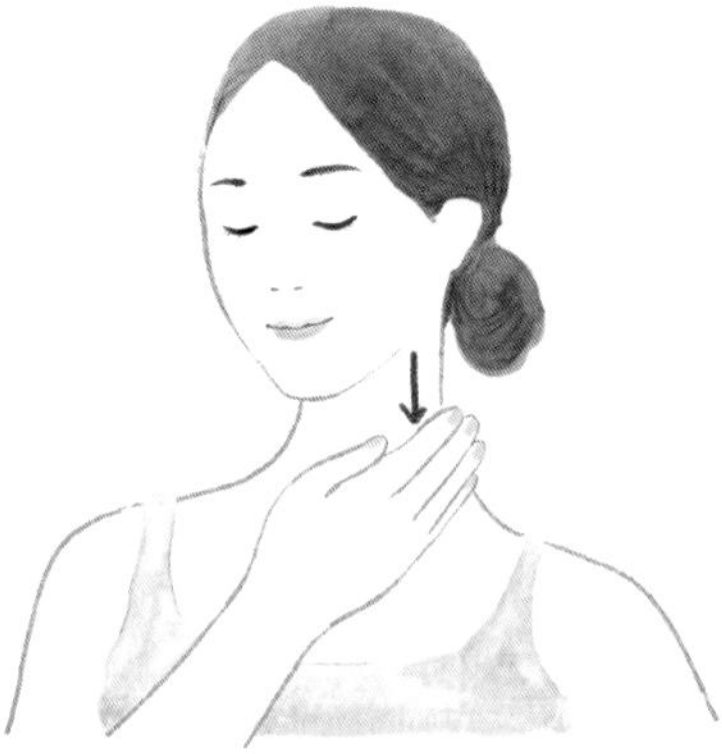

手

皮脂腺が少なく、一年中露出し、紫外線にさらされています。さらに、手洗い、食器洗いなどを筆頭に、外部刺激が加わりやすく、皮膚のバリア機能が乱れやすい過酷な状態。UVケアはもちろん、肌に優しい石鹸を使用したり、水仕事をした後は必ずヒアルロン酸やセラミド配合のハンドクリームを塗る習慣をつけましょう。

成り立つ歯茎も歯周病や間違ったブラッシングだけでなく、加齢によっても後退します。歯と一緒にきちんとメンテナンスを心がけましょう。

118

フレグランスをつけるタイミングと場所

出かける直前はNG。お腹につける

まわりのことを考えて

ほとんどのフレグランスは、揮発する速度に応じ香りが変化します。まず初めに香るトップノートは、揮発性が高いのが特徴。次は、つけて

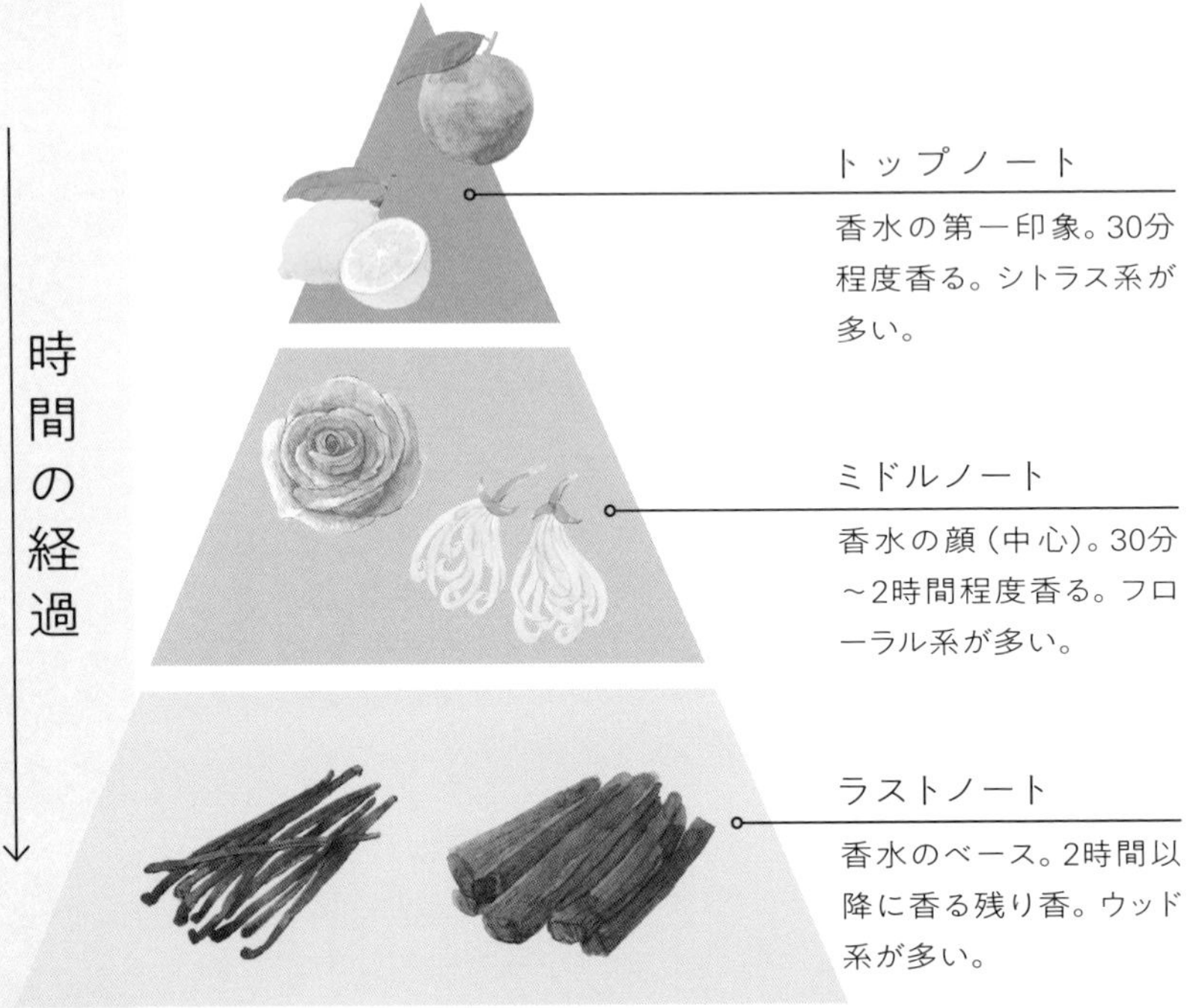
時間の経過
トップノート
香水の第一印象。30分程度香る。シトラス系が多い。
ミドルノート
香水の顔（中心）。30分～2時間程度香る。フローラル系が多い。
ラストノート
香水のベース。2時間以降に香る残り香。ウッド系が多い。

※香る持続時間は目安（メーカーにより異なる）
※上にいくほど、揮発性が高く、香りが飛びやすく、残香性が低い
※香水は香料の配合率により香りの持続時間も異なる。パルファン、オードパルファン、オーデコロンの順に持続時間が長い

から30分~2時間くらいの間に香るミドルノート。最後が、揮発するのに時間がかかるラストノートです。揮発性が高い香りは空気中に広がる範囲も広いため、公共の乗り物を使う直前や食事する直前につけるのは避けましょう。

つける場所は体温が高く脈打つ場所。手首や肘の内側が推奨されていますが、顔まわりにくることが多いため迷惑になる場合も。お腹につけ、それでもの足りない場合は足首につけ足して。ちなみにこするつけ方は、香りの粒子をつぶしてしまい香りが残りにくくなってしまいます。

119 嫌なにおいが出やすい場所

体臭が出る場所と原因を知っておこう

頭皮

過剰に分泌された皮脂やフケを餌にして雑菌が繁殖することでにおいが発生します。シャンプーをしっかりし、コンディショナー、トリートメントが頭皮につかないように。さらにすすぎ残しがないようにしっかり洗い流します。雑菌が繁殖しやすいので生乾きの状態を放置せず、すぐ乾かして。

ムレやすい場所をチェック

体臭や口臭などは、指摘されることも少なく、生まれつきの体質や病気が原因の場合もあるため、自分では気づきづらいのが特徴。逆に、気にしすぎて思い悩んでしまう自臭症の方も増えています。完全にはなくすことができないのが体臭。自己判断が難しい場合は、体臭は皮膚科、口臭は歯科へ相談しましょう。

耳の裏

男女問わず中高年になると発生しやすくなる加齢臭は、耳の裏など皮脂分泌が多いところから発生します。さらに、シャンプーやトリートメントの洗い残しが起こりやすいため、よりにおいやすく。この部分は、トリートメント後に、洗顔フォームで優しく洗い、よくすすいで。日中、気になる場合は、制汗シートで拭きましょう。

脇の下

アポクリン腺という汗腺から出る、糖質、アンモニア、脂質などの成分が含まれたベトベトした汗がにおいの原因。ワキガは常在菌により、この汗の成分が分解されることにより起こります。通気性のよい服装、こまめに汗を拭くなどの工夫を。ボトックス注入や汗腺を切除する手術での処置も可能。アポクリン腺は脇の下だけでなく、外陰部、乳輪周囲などにも。

デリケートゾーン

デリケートゾーンは、汗や尿、月経の経血由来のにおいがあるだけでなく、ムレやすいので特に菌が繁殖しやすい環境です。ナプキンやパッドをまめに替える、通気性が高い自然素材のパンツに替えるなどの工夫を。また、生臭いにおいがする場合はクラミジア、淋病などの性病の可能性が。婦人科（女性）、あるいは泌尿器科（男性）に相談しましょう。

足

足の裏には多くの汗腺があります。汗をかきやすいためムレやすく、雑菌が繁殖し、その汗、皮脂、角質を分解した結果、発生する酸がにおいのもととなります。殺菌成分配合の石鹸で洗い、きちんと吸湿性のあるソックスを履いて、雑菌が繁殖しやすい状態をつくらないようにして。

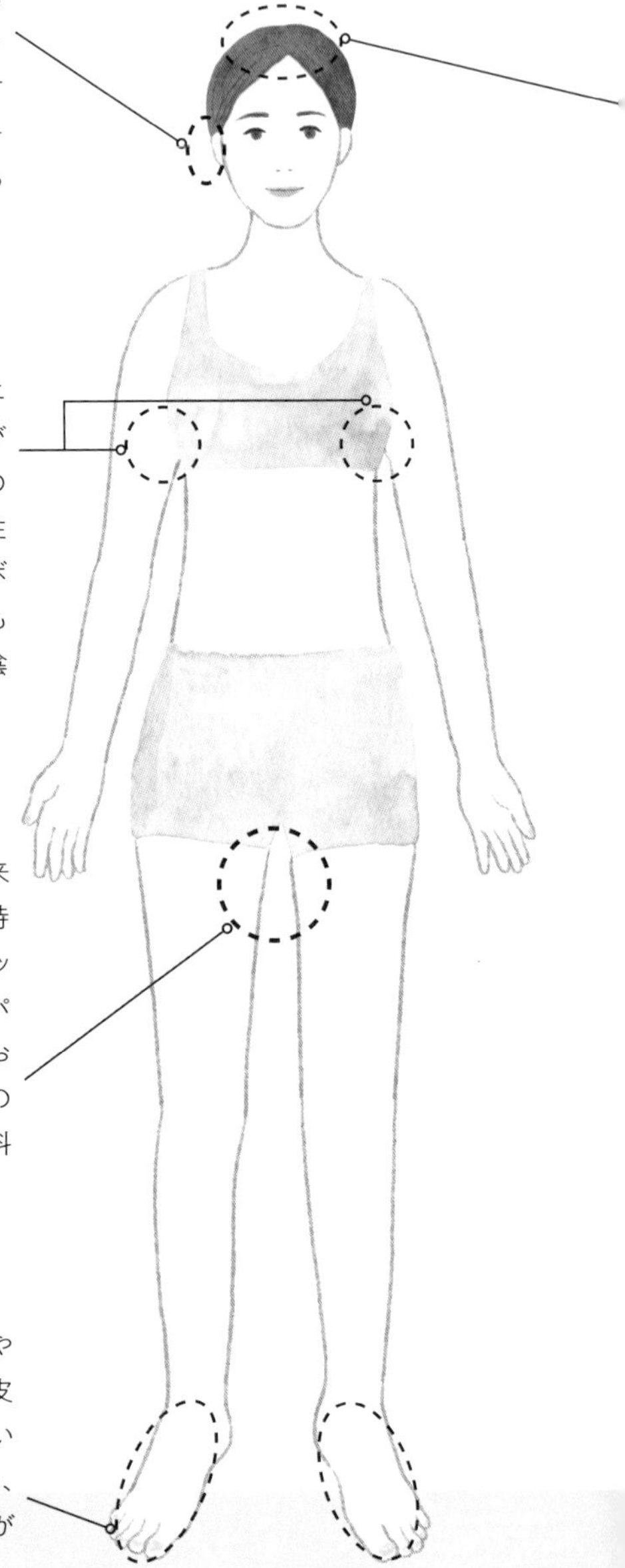

120 ホルモンの変化

ホルモンの周期を把握して、心身の変化に敏感になるだけで、自分もまわりもつきあいやすく

ホルモン補充治療も

ホルモンは、体のさまざまな働きを調整するために大切な物質。外部からとるものではなく、脳やさまざまな器官でつくられています。特に、思春期、更年期の時期に分泌量に大きな変動が起きるため、体だけでなく心にも変調をきたします。個人差も大きいので、更年期症状は我慢せず、婦人科（男性の場合は、泌尿器科）に相談を。採血でホルモン値を測定でき、女性は女性ホルモン、男性は男性ホルモンの補充治療で改善が見込めます。

月経周期

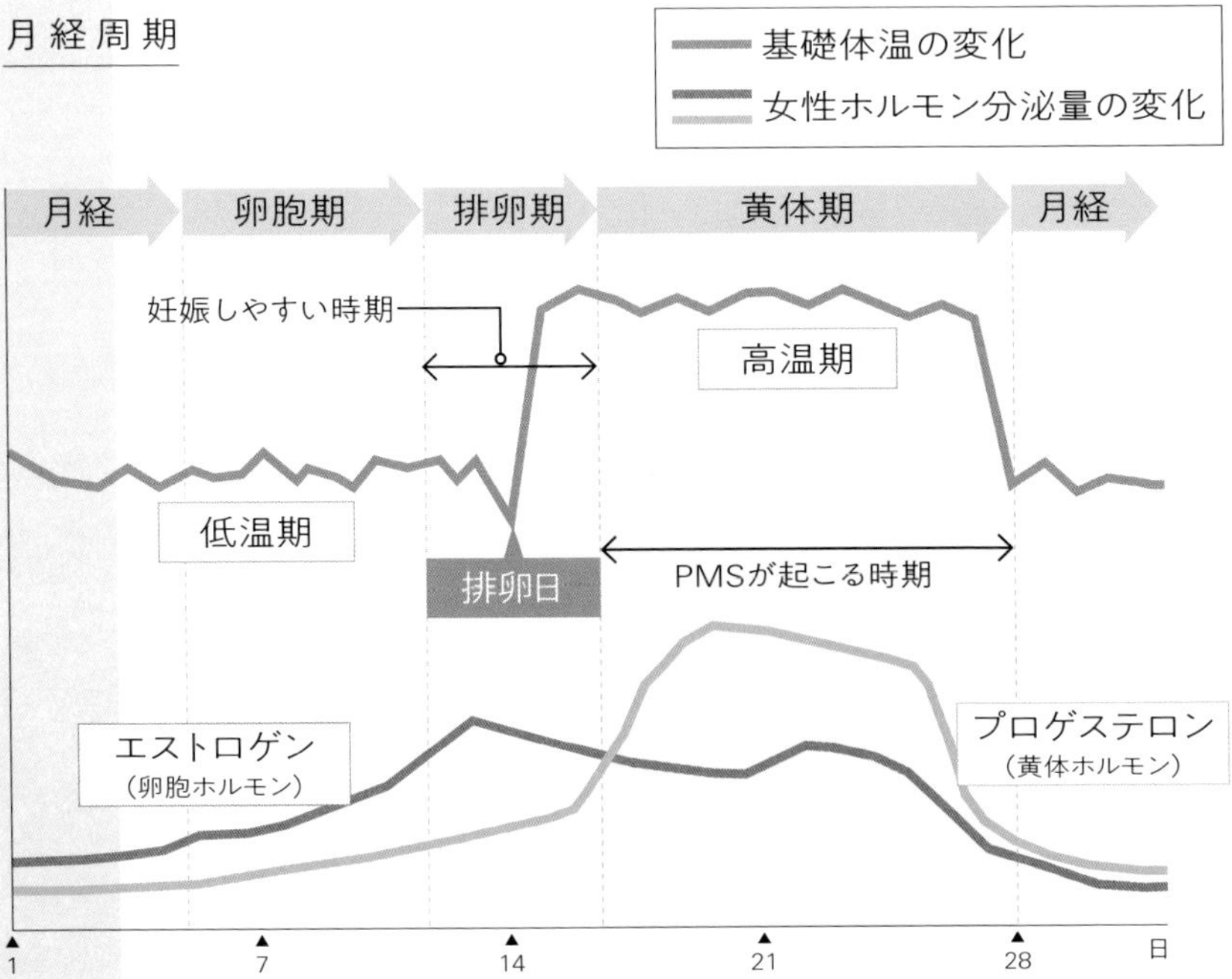

月経周期の前半はエストロゲン（卵胞ホルモン）が大量に分泌され、後半にはプロゲステロン（黄体ホルモン）が増えます。この2つの女性ホルモンの変動で「卵胞期」「排卵期」「黄体期」「月経」という波が生まれ、その影響で、月経前のイライラや情緒不安定、頭痛など、月経前症候群（PMS）が起こります。

120 ホルモンの変化

女性

女性ホルモン（エストロゲン）分泌量

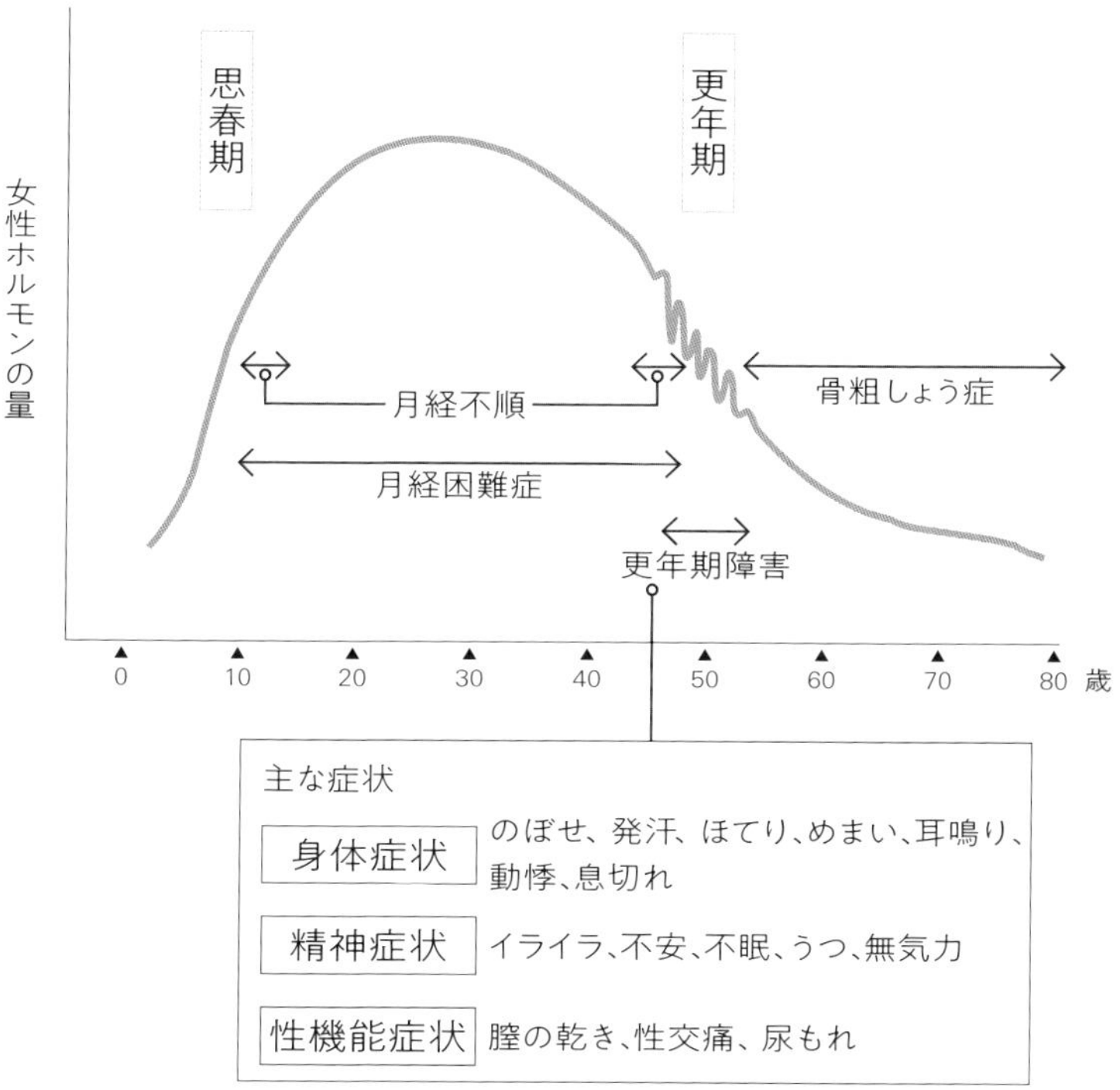
女性ホルモンの量
思春期
更年期
月経不順
月経困難症
骨粗しょう症
更年期障害
0
10
20
30
40
50
60
70
80 歳
主な症状
身体症状 のぼせ、発汗、ほてり、めまい、耳鳴り、動悸、息切れ
精神症状 イライラ、不安、不眠、うつ、無気力
性機能症状 膣の乾き、性交痛、尿もれ

１ヵ月の中だけでなく、一生を通してもエストロゲンの分泌量は変動します。中でも、心身のバランスを乱すほどの大きな変動は思春期と更年期に起こります。更年期では分泌量が不安定になり、乱高下を繰り返し、減少。単なるエストロゲンの欠乏ではなく、この“ゆらぎ”により起こるのが更年期症状です。皮膚、骨、血管にも影響が出ます。

男性

男性ホルモン（テストステロン）分泌量

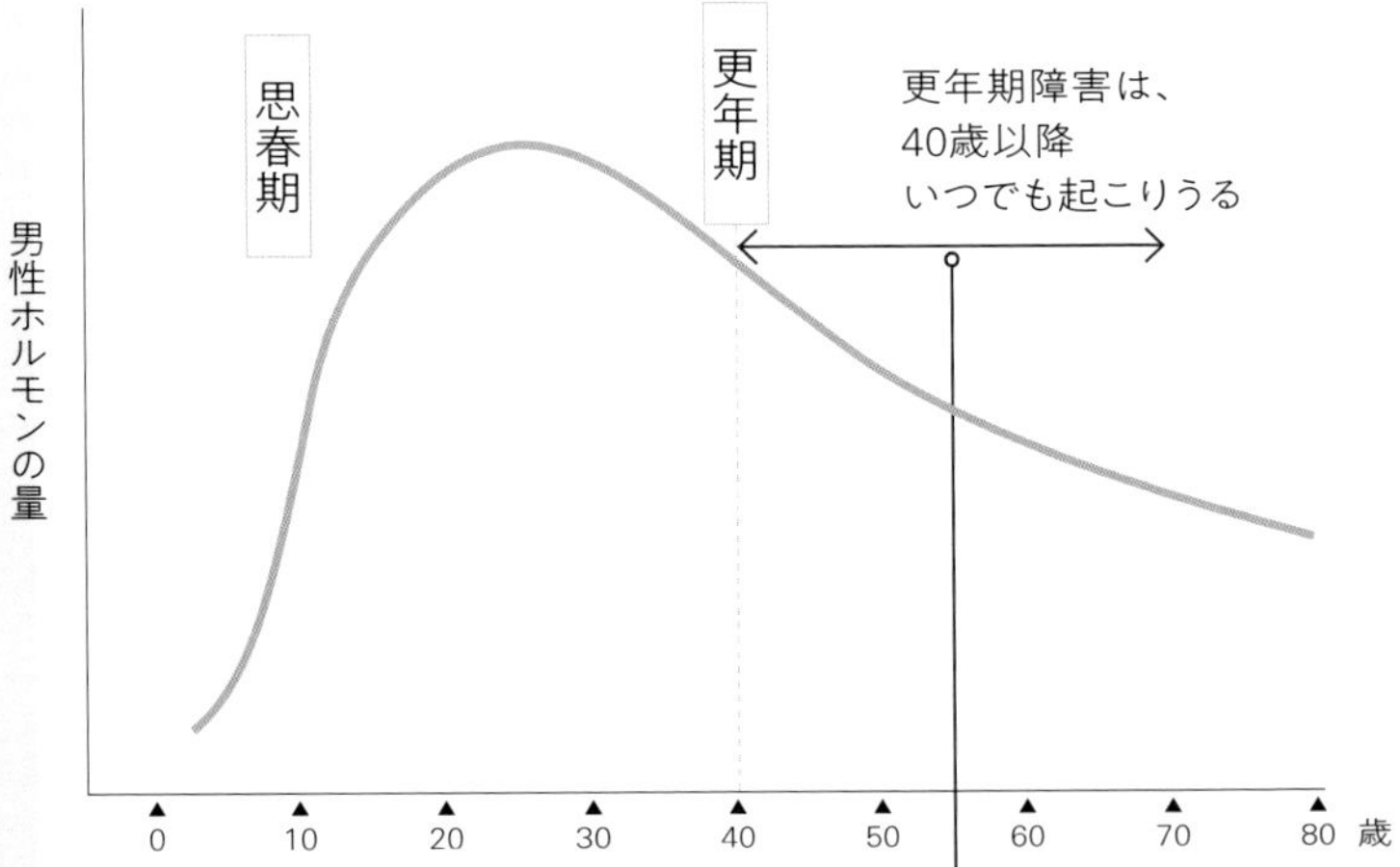

思春期
更年期
更年期障害は、
40歳以降
いつでも起こりうる
男性ホルモンの量
0
10
20
30
40
50
60
70
80
歳

主な症状

身体症状	関節症、筋肉痛、疲れやすい、発汗、ほてり、頻尿、肥満
精神症状	イライラ、不安、パニック、うつ、不眠
性機能症状	ED（勃起障害）、性欲低下

女性特有と思われがちな更年期症状は男性にも起こります。男性の場合は、男性ホルモン（テストステロン）が中年以降、加齢とともにおだやかに減少します。その時期は個人差が大きく、女性と似た症状は40歳以降はいつでも起こる可能性があります。男性ホルモンは性機能だけに働くのではなく、認知機能、血管の健康などにも広く関係しています。

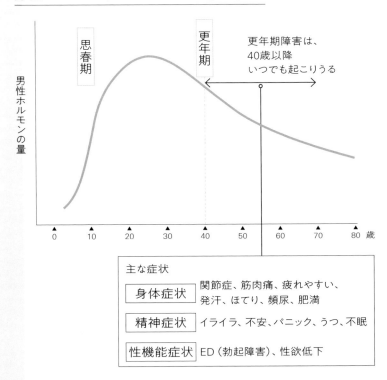

おわりに

「美容」は果てしない。

年々できることは増え続け、情報も膨れ上がる。適度な選択肢の豊かさは楽しさを引き伸ばしてくれるものだけれど、増えすぎた情報の中では、その楽しさが迷いや息苦しさに変わってしまうものだとも感じています。美容家として、美容をお伝えする上で、わたしは大きく2つの段階に分けることを大切にしています。

まず、何より重要としているのが、この本でお話しした、「美容の基本」。これがなければ健やかな美しさは生まれず、育たず。基本を知ることで、日常に溢れる肌へのダメージを最小限に食い止めることができるし、それがあってこそ、キレイを引き上げるためのケアをプラスに働かせることができるからです。さらに、今溢れかえっている情報の中から、惑わされることなく、正しい情報を掬い取り、自分にいかすことができるし、無駄に化粧品を買わずにすむ。自分の思う肌や髪、体への有効な方法や物を選び抜くことができる。これこそが「美容」だと思うのです。

そしてもうひとつが、楽しむ美容。基本以上の美容では、楽しみ

たい、やってみたい、そんなときめきや好奇心を存分に味わってほしい。余裕と遊び心を持って楽しんでほしい。あまりに多すぎる美容の中で、できるだけ迷わず、息苦しさを和らげるためには「おさえておくべき基本の美容」と「レジャーとして楽しむ美容」の間に線を引くことが重要だと思っています。

これからますます美容は進化し、選択肢は増え続けるでしょう。やる、やらない。その選択は自由です。でも、まずは知ってから、やる、やらない、を選択してほしい。そう思います。いつもさまざまな美容法をお伝えするたびに、そっと心の中で付け加えることがあります。「でも、やらなくてもいいんだよ」。紹介されていることをすべてやる必要はないんです。自分がやりたいと思ったこと、興味のあること、それをちょっとだけ試してみる。

美容との距離が縮まるよう、日々を少しでも軽やかに過ごすことができるよう、美容家としての思いを込めてこの本をつくりました。迷ったとき、わからなくなったとき、大切なことを思い出したいとき、何度も読み返してもらえたら、とてもとても嬉しいです。

神崎 恵

1975年生まれ。美容家。
「VOCE」をはじめとした美容誌を中心に、毎月数多くの雑誌、イベントなどで活躍中。また、コスメブランドのアドバイザー、アパレルブランドとの商品開発など活動の幅を広げている。3人の息子をもつ母として、日々の暮らしや美容情報満載のSNSは総フォロワー数83万人を超える（2023年11月時点）。現在は神崎美容塾の塾長として、後進の育成にも尽力している。『老けない美容、老ける美容』（講談社）など、著書多数。著書累計発行部数は166万部を突破。

[Instagram] @megumi_kanzaki

一生《いっしょう》ものの基礎知識《きそちしき》

美容《びよう》の教科書《きょうかしょ》 特別版《とくべつばん》

2023年11月17日　第1刷発行

著者
神崎《かんざき》 恵《めぐみ》

発行者
清田則子

発行所
株式会社 講談社
〒112-8001 東京都文京区音羽2-12-21
編集 ☎03-5395-3469　販売 ☎03-5395-3606
業務 ☎03-5395-3615

印刷所
大日本印刷株式会社

製本所
大口製本印刷株式会社

ISBN 978-4-06-534081-3

KODANSHA

staff

ART DIRECTION
三木俊一（文京図案室）

DESIGN
高見朋子（文京図案室）

ILLUSTRATION
篠塚朋子

監修
福山千代子
（MET BEAUTY CLINIC/P.250-253）

協力
貴子（松倉クリニック代官山）
津村佳奈（Un ami）

EXECUTIVE PRODUCER
谷口元一（株式会社ケイダッシュ）

特典小冊子

PHOTOGRAPHS
中村和孝

HAIR＆MAKE-UP
津村佳奈（Un ami）

STYLING
石関靖子